Marina Engler

SOFORT HILFE IM PFLEGE FALL

AF638488

Stiftung Warentest
Finanztest

Der Familienrat: Alle helfen mit

Um den Pflegealltag so gut wie möglich zu koordinieren, sollten alle Helfenden an einem Strang ziehen. Und zwar in die gleiche Richtung. Bei der Planung hilft ein Familienrat, der nach Bedarf um Freunde und Nachbarn ergänzt werden kann.

Von den Punkten zum Pflegegrad

Pflegegrad 1 bedeutet, dass jemand noch relativ selbstständig das eigene Leben führen kann. Ab Pflegegrad 2, also ab 27 oder mehr Punkten, lassen sich sämtliche Leistungen der Pflegeversicherung nutzen.

Pflege-WG

In einer Pflege-Wohngemeinschaft ist relativ viel normaler Alltag und trotzdem eine 24-Stunden-Betreuung möglich. Insbesondere für Menschen mit Demenz ist sie oft besonders geeignet.

44

36

137

Inhalt

01

Was jetzt zu regeln ist

Wir brauchen Pflege

In vielen Familien gibt es diesen einen Tag, an dem klar wird: So geht es nicht weiter. Um die nötige Pflege zu organisieren, helfen ein guter Überblick, Beratung und Zeit.

Egal, ob es ein plötzliches Ereignis wie einen Schlaganfall gibt oder ob sich eine Pflegebedürftigkeit schleichend entwickelt. Die meisten Familien brauchen früher oder später pflegerische Unterstützung im Alltag. Häufig übernehmen Partner, Partnerin oder erwachsene Kinder zunehmend mehr Aufgaben und koordinieren irgendwann auch die klassische Pflege. Damit dabei keine Fehler passieren und ausreichend Geld zur Verfügung steht, ist es sinnvoll, sich umfassend zu informieren. Dieser Ratgeber hilft dabei.

Wenn Sie ausreichend Zeit haben, können Sie den Ratgeber von vorne nach hinten durchlesen. Manchmal muss es aber auch sehr schnell gehen. Dann können Sie sich die wichtigsten Abschnitte aus dem Inhaltsverzeichnis heraussuchen. Wir haben uns bemüht, jedes Kapitel und jeden Abschnitt für sich so verständlich wie möglich zu gestalten, obwohl der deutsche Pflege-Dschungel alles andere als übersichtlich ist.

Definition: Pflegebedarf

Wer pflegebedürftig wird, hat in aller Regel höhere Ausgaben als vorher für Hilfsmittel und helfende Hände. Die deutsche Pflegeversicherung zahlt dafür Zuschüsse. Damit diese fließen, muss aber zunächst ein offizieller Pflegebedarf feststehen.

Wenn Sie schnell die akute Pflege sicherstellen müssen, haben Sie dafür mehrere Optionen. Um sich einen Überblick zu verschaffen, ist eine individuelle Beratung wichtig. Details dazu lesen Sie ab Seite 52.

PFLEGEBEDÜRFTIGKEIT LIEGT VOR, wenn jemand voraussichtlich für mehr als sechs Monate regelmäßig Hilfe im Alltag braucht. So definiert es das elfte Sozialgesetzbuch. Ist lediglich vorübergehend Unterstützung nötig, besteht kein Anspruch auf Leistungen der Pflegeversicherung. Hilfe ist dann durch die Kranken-, Unfall- oder Rentenkasse möglich.

Neutrale und kostenlose Beratungen bieten die Pflegestützpunkte beziehungsweise Pflegenetzwerke der Länder an. Finanziert werden diese von den Pflegeversicherungen. Auch Wohlfahrtsverbände und freie Pflegeberater helfen weiter. Als Betroffene haben Sie einen Anspruch darauf, kurzfristig, kostenlos, neutral und individuell beraten zu werden. Angebote in der Nähe finden Sie unter zqp.de/beratung-pflege. Privatversicherte erhalten Informationen unter compass-pflegeberatung.de.

Als Erstes: Zeit freischaufeln

Es dauert meist eine Weile, sich im deutschen Pflege-Dschungel zurechtzufinden. Außerdem bindet die Care-Arbeit besonders in der ersten Zeit viel Energie und Zeit. Daher ist es entscheidend, sich Zeit zu verschaffen, um das Wichtigste koordinieren zu können. Arbeitnehmer können dafür die sogenannte „kurzzeitige Arbeitsverhinderung" in Anspruch nehmen. Bis zu zehn Tage dürfen sie von heute auf morgen der Arbeit fernbleiben, um die Pflege für einen nahen Angehörigen zu organisieren. Wie der Antrag funktioniert und welche Gehaltsregelungen es für diese Zeit gibt, erfahren Sie auf den folgenden Seiten.

Wichtig zu wissen: Für Staatsdiener wie Beamtinnen und Soldaten gelten – je nach Bundesland – unterschiedliche Regelungen. Meist sind sie aber ähnlich wie die Regelungen für Arbeitnehmer. Welche Regelungen zutreffen, können Betroffene bei ihrem Dienstherrn erfragen.

Antrag, Vorsorge, Unterstützung

Damit es Geld für Pflegeleistungen gibt, müssen Betroffene einen Antrag bei ihrer Pflegeversicherung stellen. Diese ist bei der Krankenversicherung angesiedelt. Privatversicherte haben einen separaten Vertrag. Den Antrag müssen Pflegebedürftige selbst stellen. Angehörige dürfen das nur dann in Vertretung übernehmen, wenn sie eine entsprechende Vollmacht haben oder vom Gericht als offizielle Betreuungsperson eingesetzt sind. Überprüfen Sie, ob und welche Vollmachten vorliegen. Details zum Antrag lesen Sie ab Seite 10, zu Vollmachten ab Seite 13.

Die Versicherung schickt daraufhin verschiedene Unterlagen, die ausgefüllt werden müssen. Innerhalb einiger Wochen kommt dann eine geschulte Fachkraft zu einer Begutachtung zur pflegebedürftigen Person. Anschließend legt die Pflegeversicherung einen Pflegegrad fest. Der bestimmt, wie viel Geld es von der Versicherung gibt. Details zur Begutachtung lesen Sie ab Seite 31.

Auch ohne Pflegegrad lassen sich verschiedene Alltagshilfen nutzen. Welche schnell und unkompliziert entlasten, erfahren Sie ab Seite 24.

Möglichst sofort erledigen

- **Arbeitsverhinderung.** Mit der „kurzzeitigen Arbeitsverhinderung" können Sie bis zu zehn Tage freinehmen, um die Pflege für einen Angehörigen zu organisieren. Das ist einmal pro Jahr möglich. Die Zeit dürfen Sie unter mehreren Personen aufteilen. Arbeitgeber können einen Nachweis verlangen, dass tatsächlich jemand aus der Familie pflegebedürftig geworden ist. Einen Lohnersatz müssen Sie am ersten Tag der Arbeitsverhinderung bei der Pflegeversicherung der pflegebedürftigen Person beantragen.

- **Antrag.** Sorgen Sie dafür, dass die pflegebedürftige Person einen Antrag auf Pflegeleistungen bei ihrer Pflegeversicherung stellt. Das ist formlos möglich. Nach einer Begutachtung wird ein Pflegegrad festgelegt. Der bestimmt, wie viel Geld es von der Versicherung gibt.

- **Beratung.** Besuchen Sie – wenn möglich zusammen mit der pflegebedürftigen Person – eine neutrale und kostenlose Beratung bei einem Pflegestützpunkt oder einem Pflegenetzwerk der Länder. Auch Wohlfahrtsverbände und freie Pflegeberater helfen weiter. Weitere Details lesen Sie im Kapitel 3 „Pflege lernen und Beratung in Anspruch nehmen" ab Seite 43.

- **Vollmachten.** Damit Sie für Pflegebedürftige offiziell Anträge stellen dürfen, brauchen Sie eine rechtliche Erlaubnis. Prüfen Sie, welche Dokumente vorliegen. Ergänzen Sie diese bei Bedarf. Details lesen Sie unter „Rechtliche Vorsorge" ab Seite 12.

- **Schnelle Hilfen.** Es gibt verschiedene Alltagshilfen, die sich auch ohne Pflegegrad nutzen lassen. Organisieren Sie Angebote wie Essen auf Rädern oder eine ehrenamtliche Hilfskraft. Das verschafft Ihnen Zeit und Kraft für andere Arbeiten.

- **Familienrat.** Die Organisation und Durchführung der Pflege sollte nie nur von einer Person erledigt werden. Berufen Sie daher einen Familienrat ein – bei Bedarf digital – und besprechen Sie mit Angehörigen, Freunden und eventuell Nachbarn, wie Sie die Unterstützung sinnvoll aufteilen können. Bedenken Sie dabei auch professionelle Hilfsangebote.

Sobald Sie einen Antrag auf Pflegeleistungen gestellt haben, lohnt es sich, die Quittungen für Alltagshilfen zu sammeln. Diese können Sie sich später rückwirkend ab dem Tag der Antragstellung von der Pflegeversicherung mitfinanzieren lassen.

Für die langfristige Planung sollten Sie sich mit den wichtigsten Familienmitgliedern zusammensetzen und gemeinsam überlegen: Wie viel Pflege wird dauerhaft gebraucht? Wo kann die Pflege langfristig stattfinden? Wer kann was übernehmen? Wie viel kostet das? Wer unterstützt bei der Finanzierung? Welche Voraussetzungen müssen dafür erfüllt sein? Und welche sonstigen Hilfen gibt es noch?

Zeit schaffen: Im Job aussetzen

Es gibt einen gesetzlichen Anspruch darauf, zehn Tage im Job auszusetzen, um die Pflege eines nahen Angehörigen zu koordinieren. Das ist seit Neuestem einmal pro Jahr und pflegebedürftiger Person möglich.

Als nahe Angehörige können Sie die kurzzeitige Arbeitsverhinderung telefonisch oder per E-Mail ankündigen. Das geht von heute auf morgen. Sie müssen allerdings direkt angeben, ob Sie die vollen zehn Tage oder nur einen Teil davon in Anspruch nehmen wollen.

Arbeitgeber dürfen die kurze Auszeit zur Organisation der Pflege nicht verweigern. Sie können aber einen Nachweis verlangen, der bescheinigt, dass tatsächlich eine akut aufgetretene Pflegebedürftigkeit oder Verschlechterung vorliegt. Den Nachweis können Sie nachreichen.

Auszeit aufteilen

Die zehn Tage der Arbeitsverhinderung beziehen sich auf eine pflegebedürftige Person. Sie können sie bei Bedarf unter mehreren Personen beliebig aufteilen. Dann nehmen etwa Bruder und Schwester jeweils fünf Tage frei, um gemeinsam die zukünftige Pflege für ihren Vater zu organisieren. Braucht später auch die Mutter Pflegeleistungen, können beide erneut die kurzzeitige Arbeitsverhinderung in Anspruch nehmen. Seit der Pflegereform 2024 ist es möglich, die Auszeit einmal im Kalenderjahr pro pflegebedürftige Person zu nutzen, wenn sich Änderungen im Pflegebedarf ergeben und neu geplant werden muss.

Gehalt und Versicherungsschutz

Während der Arbeitsverhinderung erhalten Sie in manchen Betrieben Ihr normales Gehalt weiter. Wenn es keine entsprechende Betriebsvereinbarung gibt, haben Sie Anspruch auf eine Lohnersatzleistung. Das Pflegeunterstützungsgeld beträgt in der Regel 90 Prozent des ausgefallenen Nettogehalts. Um das Geld zu erhalten, müssen Sie am ersten Tag der kurzzeitigen Arbeitsverhinderung bei der Pflegeversicherung der zu pflegenden Person einen Antrag stellen. Fragen Sie am besten telefonisch nach dem passenden Formular.

Wenn Sie Pflegeunterstützungsgeld erhalten, sind Sie während der kurzzeitigen Arbeitsverhinderung nicht wie üblich kranken- und pflegeversichert. Sofern möglich, können Sie sich in dieser Zeit unkompliziert über die Familienversicherung Ihres Partners oder Ihrer Partnerin absichern. Ansonsten müssen Sie sich für die maximal zehn Tage freiwillig versichern. Das passende Formular erhalten Sie bei Ihrer Krankenkasse. Voller Kündigungsschutz besteht während der kurzzeitigen Arbeitsverhinderung in jedem Fall.

Längere Jobauszeit

Wenn Sie in Zukunft einen Teil der Pflege übernehmen und dafür im Job kürzertreten wollen, haben Sie unter bestimmten Bedingungen die Möglichkeit, bis zu zwei Jahre in Pflege-Teilzeit zu arbeiten, auf Wunsch einen Teil der Zeit komplett zu pausieren, und danach auf die vorherige Stundenzahl zurückzukehren. Das müssen Sie allerdings mit etwas Vorlauf ankündigen. Denken Sie daher frühzeitig darüber nach, ob Sie sich eine Pflege-Teilzeit vorstellen können. Wenn ja, dann kündigen Sie diese am besten direkt zu Beginn der kurzzeitigen Arbeitsverhinderung mit an. Details dazu, was möglich ist, welche Fristen einzuhalten sind und wie viel Geld Sie in dieser Zeit erhalten, lesen Sie im Kapitel „Pflege und Beruf vereinbaren" ab Seite 68.

Pflegeleistungen erhalten: Der Antrag

Wer Pflege braucht, kann dafür Zuschüsse von der Pflegeversicherung bekommen. Betroffene müssen einen Antrag stellen.

Jeder Mensch in Deutschland muss eine Pflegeversicherung haben. Die gesetzlichen Pflegekassen sind bei den Krankenkassen angesiedelt. Wer also bei einer gesetzlichen Kasse wie der AOK, Barmer oder TK krankenversichert ist, hat auch dort seine Pflegekasse. Privat Krankenversicherte müssen eine private Pflegepflichtversicherung haben.

Sobald jemand Pflegeleistungen benötigt, zahlt die Pflegeversicherung dafür Zuschüsse. Pflegebedürftige müssen allerdings zwei Bedingungen erfüllen. Erstens: Innerhalb der vergangenen zehn Jahre hat die betroffene Person für mindestens 24 Monate in die Pflegeversicherung eingezahlt oder war familienversichert. Zweitens: Bei einer staatlich festgelegten Begutachtung wird ein Pflegegrad bewilligt, weil jemand voraussichtlich für mindestens sechs Monate Hilfe im Alltag braucht.

Wie hoch die Leistungen ausfallen, hängt vom Pflegegrad ab. Es gibt fünf verschiedene Grade. Personen mit regelmäßigem, aber geringem Pflegebedarf erhalten Pflegegrad 1 und somit Basisleistungen. Wer rund um die Uhr Hilfe und Unterstützung braucht, erhält als Schwerstpflegebedürftiger Pflegegrad 5 und damit die höchstmöglichen Leistungen.

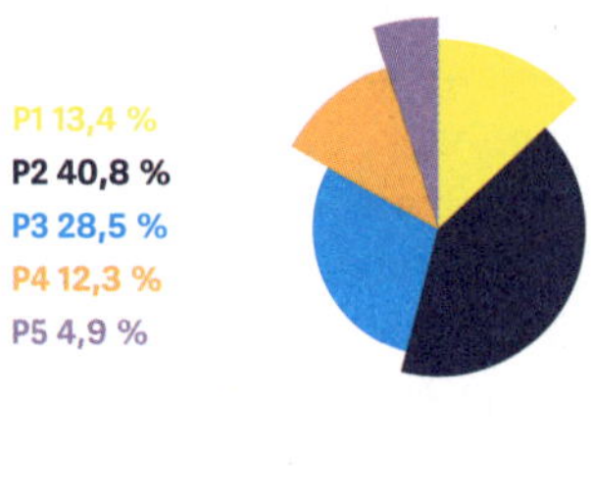

VERTEILUNG PFLEGEGRADE. Die meisten Pflegebedürftigen bekommen Pflegegrad 2 zugesprochen. Den höchstmöglichen Pflegegrad 5 erhalten nur knapp 5 Prozent.

Quelle: Statistisches Bundesamt

Formloser Antrag reicht

Um einen Pflegegrad zu bekommen, gibt es ein festgelegtes Verfahren, das für alle Versicherten gleich ist. Zunächst muss ein Antrag bei der eigenen Pflegeversicherung gestellt werden. Gesetzlich Versicherte wenden sich am besten an ihre Krankenkasse und fragen dort, wer zuständig ist. Privatversicherte finden ihren Ansprechpartner in ihrem Vertrag.

Es reicht ein formloser Antrag mit den Worten: „Hiermit beantrage ich Leistungen aus der Pflegeversicherung." Wer möchte, kann noch den Satz hinzufügen: „Zur Feststellung eines Pflegegrads bitte ich um eine kurzfristige Begutachtung." Im Schreiben müssen Vor- und Nachname, Anschrift und Datum genannt sein. Zuletzt muss die Person, die Pflegeleistungen erhalten möchte, den Antrag unterschreiben.

Der formlose Antrag wird anschließend per App, E-Mail, Fax, Brief oder Onlineformular an die zuständige Pflegeversicherung geschickt. Theoretisch können Sie den Pflegegrad auch mündlich am Telefon beantragen, aber bei der schriftlichen Variante gibt es zeitgleich einen Nachweis, an welchem Tag der Antrag gestellt wurde. Das ist wichtig, weil Leistungen später rückwirkend ab dem Monat der Antragstellung gezahlt werden. Tipp: Heben Sie ab diesem Zeitpunkt alle Rechnungen von Kosten auf, die für die Pflege entstehen. Diese können Sie sich rückwirkend erstatten lassen, sobald ein Pflegegrad feststeht.

Die Pflegeversicherung schickt anschließend ein hauseigenes Formular, in dem sie viele Daten abfragt. Unter anderem möchte die Versicherung wissen, ob schon klar ist, welche Leistungen benötigt werden. Es gibt monatliche, jährliche und einmalige Leistungen, die kombinierbar sind. Vieles darf man auch nachreichen. Details lesen Sie ab Seite 82.

Beim Ausfüllen gilt: Angehörige dürfen helfen, aber verstehen und unterschreiben müssen die Betroffenen selbst. Nur mit einer Vollmacht oder einer gesetzlichen Betreuung dürfen sie das Ausfüllen, Unterschreiben und Abschicken im Namen der pflegebedürftigen Person komplett übernehmen. Was welche Variante ermöglicht und welche Vorteile das jeweils hat, lesen Sie im Abschnitt „Rechtliche Vorsorge" ab Seite 13.

Anschließend wird ein Termin für eine Begutachtung vereinbart (siehe Checkliste „Die Schritte zum Pflegegrad" auf der Seite 12). Bei gesetzlich Versicherten meldet sich jemand vom Medizinischen Dienst (MD), bei Privatversicherten jemand von der Firma Medicproof. Bei der Begutachtung ermittelt ein Gutachter oder eine Gutachterin mit spezieller Weiterbildung dann den Hilfebedarf. Mithilfe von 78 Fragen und Übungen wird überprüft, wie selbstständig jemand noch seinen Alltag bewältigen kann. Körperliche, geistige und seelische Einschränkungen werden erfasst. Angehörige dürfen beim Termin dabei sein und unterstützen. Je mehr Hilfe benötigt wird, desto mehr Punkte gibt es. Und je höher der Gesamtwert am Ende ist, desto höher ist der Pflegegrad und desto mehr Geld zahlt die Versicherung.

Die Schritte zum Pflegegrad

Folgendermaßen läuft der Antrag zum Pflegegrad ab bis hin zur Entscheidung, ob ein Pflegegrad bewilligt wird oder nicht. Innerhalb von 25 Arbeitstagen muss die Pflegeversicherung die Entscheidung treffen.

- **Antrag versenden.** Schicken Sie den Antrag am besten per E-Mail oder App an die Versicherung. Ab diesem Datum gibt es später Leistungen.

- **Formulare ausfüllen.** Die Pflegeversicherung fragt in einem eigenen Formular genauere Daten ab. Sie schickt außerdem einen „Antrag auf Rentenbeitragszahlungen für eine ehrenamtliche Pflegekraft“ mit, den Sie bei Bedarf einreichen können.

- **Prüfung erfolgt.** Die Pflegeversicherung prüft, ob es einen Anspruch auf Leistungen gibt. In der Regel ist das der Fall.

- **Termin kommt.** Innerhalb von zwei Wochen muss die Pflegeversicherung einen Termin für die Begutachtung vorschlagen. Liegt eine kritische Situation vor, etwa weil jemand im Krankenhaus ist oder eine Reha mitmacht und anschließend Pflege braucht, muss die Versicherung sich innerhalb von fünf Arbeitstagen melden.

- **Begutachtung wahrnehmen.** Am vereinbarten Termin kommt ein Gutachter mit spezieller Weiterbildung zur pflegebedürftigen Person nach Hause, in die Reha-Einrichtung oder das Krankenhaus, um einzuschätzen, wie hoch der Pflegebedarf aktuell ist.

- **Entscheidung abwarten.** Die Pflegeversicherung erhält einen Bericht von der Begutachtung. Es müssen mindestens 12,5 von 100 möglichen Punkten erreicht werden, damit sie einen Pflegegrad bewilligt. Die Entscheidung teilt die Pflegeversicherung in der Regel innerhalb weniger Tage per Post oder App mit. Anschließend gibt es Leistungen. Nun können Sie sich die Pflegekosten seit Antragstellung rückwirkend erstatten lassen.

- **Widerspruch einlegen.** Sollte die Versicherung einen zu niedrigen Pflegegrad festlegen oder ihn ablehnen, können Betroffene innerhalb eines Monats Widerspruch einlegen.

Rechtliche Vorsorge

Spätestens, wenn jemand pflegebedürftig wird, sollten Vorsorgedokumente vorliegen. Sonst kann die Familie nichts für die Betroffenen erledigen oder entscheiden.

Wer pflegebedürftig ist, braucht Hilfe. Sich diese selbst zu organisieren, ist nicht leicht. Gut ist es da, wenn Angehörige bestimmte Aufgaben übernehmen können. Für viele rechtliche Angelegenheiten braucht es aber eine offizielle Erlaubnis, sonst werden Mitteilungen im Namen einer anderen Person nicht anerkannt.

Damit beispielsweise die Tochter die Kommunikation mit der Pflegekasse übernehmen oder Überweisungen für die Eltern tätigen kann, braucht sie eine rechtlich gültige Erlaubnis. Dafür gibt es zwei Möglichkeiten: Die Vorsorgevollmacht und die rechtliche Betreuung. Wenn keines davon vorliegt, informieren Sie sich hier und setzen Sie so bald wie möglich gemeinsam eine Vollmacht oder eine Betreuungsverfügung auf.

Die Vorsorgevollmacht

Die Vorsorgevollmacht ist die umfassendste Vollmacht, die Sie ausstellen können. Sie ist sinnvoll, wenn Sie frühzeitig eine oder mehrere andere Personen bestimmen möchten, die für Sie etwas entscheiden oder erledigen dürfen. Bevollmächtigen kann man zum Beispiel erwachsene Kinder, die beste Freundin, den Bruder oder eine liebe Nachbarin.

Entscheidend ist, dass Sie der bevollmächtigten Person voll und ganz vertrauen. Denn sie darf im Bedarfsfall über Ihr Vermögen und Ihr Leben entscheiden, sofern Sie nicht mehr dazu in der Lage sind. Daher ist es auch sehr wichtig, dass die Vollmacht bei voller Geschäftsfähigkeit aufgesetzt wird. Falls es daran später Zweifel geben könnte, weil beispielsweise bestimmte Erkrankungen vorliegen, ist ein ärztliches Attest sinnvoll, das die Geschäftsfähigkeit zum Zeitpunkt der Unterschrift bestätigt.

Was genau der oder die Bevollmächtigte stellvertretend entscheiden oder organisieren darf, legt jeder Vollmachtgeber selbst fest. In Deutschland gibt es dafür keine strikten Vorgaben. Es ist aber klug, sich an bestimmten Richtlinien zu orientieren.

Üblicherweise ist die Vorsorgevollmacht in verschiedene Lebensbereiche unterteilt, etwa Finanzen, Gesundheitliches, Organisatorisches,

Wohnen und Pflege. Es ist möglich, eine Person für alles zu bevollmächtigen oder mehrere Personen, die für einzelne Bereiche zuständig sind. Dann kann sich beispielsweise die Tochter um Finanzen und Organisation, etwa Kommunikation mit Ämtern, kümmern und der Sohn übernimmt die Themen Gesundheit, Wohnen, Pflege. Wenn die Eltern etwas erledigt haben wollen, können sie – solange sie noch fit genug sind – in jedem Einzelfall entscheiden, ob sie beispielsweise den Antrag an die Pflegekasse selbst stellen wollen oder ob das bevollmächtigte Kind das erledigen soll. Wenn die Eltern dazu nicht mehr in der Lage sind, übernehmen die Kinder die nötigen Aufgaben dann komplett.

Ein Vorteil der Vorsorgevollmacht besteht darin, dass die Vollmachtgeber selbst darüber entscheiden dürfen, wann sie in Kraft tritt. Manche legen fest, dass Stellvertreter erst handeln dürfen, wenn sie es selbst nicht mehr schaffen. Andere Vollmachten sind sofort gültig. Das kann sehr angenehm sein, denn erwachsene Kinder können beispielsweise eine Überweisung oder einen Informationsaustausch mit der Krankenkasse oft schnell online erledigen. Die Eltern würden zur Filiale gehen oder einen Brief schreiben, was viel mehr Zeit und Energie kostet. Eine Vollmacht kann daher auch ganz unabhängig von einer Pflegebedürftigkeit eine Erleichterung im Alltag für ältere Menschen darstellen.

Wichtig zu wissen: Eine Vollmacht kann auch jederzeit widerrufen werden, solange man geschäftsfähig ist. Falls der Vollmachtgeber also nicht zufrieden mit der Arbeit des oder der Bevollmächtigten sein sollte, kann er eine andere Person als Bevollmächtigte bestimmen. In einem solchen Fall sollte die ungültige Vollmacht vernichtet werden.

MUSTERFORMULARE HELFEN DABEI, eine Vorsorgevollmacht zu erstellen. Einfache Vorlagen gibt es kostenlos, zum Beispiel vom Bundesministerium für Justiz unter bmj.de, unter „Service". Vorlagen für verschiedene Vollmachten und Verfügungen inklusive Schritt-für-Schritt-Anleitungen und ausführlicher Erklärungen bietet das Vorsorge-Set der Stiftung Warentest, zu finden unter test.de/shop oder im örtlichen Buchhandel.

Wer rechtzeitig eine Vollmacht ausstellt, hat bewusst entschieden, wer einen im Bedarfsfall vertreten darf. Das kann eine enorme Erleichterung sein, weil man rechtzeitig vorgesorgt hat. Das ist nicht nur im hohen Alter empfehlenswert, sondern schon ab der Volljährigkeit. Denn jedem Menschen kann mal etwas Unvorhergesehenes passieren.

Doch nicht jeder fühlt sich mit diesem Gedanken wohl. Manche Menschen wollen ihre Entscheidungsfreiheit auf keinen Fall in die Hände anderer legen. Andere Menschen haben niemanden, dem sie so sehr vertrauen, dass sie guten Gewissens eine Vollmacht ausstellen können. In diesen Fällen – oder wenn jemand nicht rechtzeitig eine Vollmacht aufgesetzt hat und schließlich nicht mehr in der Lage dazu war – muss ein anderer Weg her, wenn sich Erkrankte oder Pflegebedürftige nicht mehr um wichtige Angelegenheiten kümmern können. Dann greift das deutsche Betreuungsrecht.

Das Betreuungsrecht

Müssen Entscheidungen getroffen werden, weil jemand im Krankenhaus liegt oder dringend Pflege braucht, sich diese aber nicht selbst organisieren kann, etwa aufgrund einer Demenz, dann entscheidet ein Betreuungsgericht, wer die Organisation stellvertretend für die betroffene Person übernehmen darf. Betreuungsgerichte sind bei den örtlichen Amtsgerichten angesiedelt. Die speziell geschulten Richterinnen und Richter hören die Betroffenen an, lassen Gutachten erstellen und bestimmen anhand festgelegter Kriterien eine rechtliche Betreuungsperson. Das kann jemand aus dem privaten Umfeld, eine ehrenamtliche Betreuungsperson, ein Berufsbetreuer oder eine Berufsbetreuerin sein.

Für die Lebensbereiche, in denen eine Betreuung nötig ist, darf die rechtliche Vertretung dann alle nötigen Entscheidungen treffen, die Kommunikation übernehmen, Anträge stellen und so weiter. Ob sie ihre Arbeit gut macht, kontrolliert das Betreuungsgericht. In regelmäßigen Abständen, spätestens nach sieben Jahren, wird außerdem überprüft, ob die Betreuung weiterhin nötig ist, ob Bereiche wieder gestrichen oder andere hinzugenommen werden sollen. Bei besonders kritischen Entscheidungen muss das Betreuungsgericht grundsätzlich zustimmen.

Hilfe für Betreuende und Bevollmächtigte

Die örtliche Betreuungsbehörde sowie Betreuungsvereine unterstützen insbesondere private Betreuungspersonen. Sie bieten Beratungen und Fortbildungen an, helfen bei der Kommunikation mit dem Gericht, falls nötig, und vermitteln den Austausch zu anderen Betreuerinnen und Betreuern. Auch Interessierte, die (noch) keine Betreuung oder Vollmacht übernommen haben, es aber vielleicht später einmal tun werden, können sich bei den Betreuungsvereinen informieren. Deren Mitarbeiterinnen und Mitarbeiter helfen auch bei allgemeinen Fragen zu Vollmachten und Verfügungen – oft kostenlos.

Vorsorgevollmacht versus Betreuung

Rechtliche Betreuungspersonen springen ein, wenn jemand sein Leben nicht mehr regeln kann und keine Vollmacht hat. Als gesunder Mensch ohne Einschränkungen haben Sie die Wahl. Ob eine Vorsorgevollmacht oder eine rechtliche Betreuung die beste Option darstellt, hängt von den Lebensumständen und den eigenen Vorstellungen ab. Ein Vergleich.

	Vollmacht	Betreuung
Festgelegt von ...	der Person, um deren Leben es geht.	einem Betreuungsgericht.
Gültig ab ...	einem individuell festgelegten Zeitpunkt.	dem Moment, in dem das Gericht eine rechtliche Betreuung für nötig hält.
Gültig bis ...	die betroffene Person sie widerruft oder bis zum Tod oder darüber hinaus.	das Gericht die Betreuung widerruft oder bis zum Tod.
Lebensbereiche	sind individuell von der vollmachtgebenden Person festgelegt.	sind vom Gericht festgelegt.
Größter Vorteil	Unterstützung ist wie gewollt jederzeit möglich.	Das Gericht kontrolliert alle Betreuerinnen und Betreuer regelmäßig.
Größter Nachteil	Die Vollmacht wird ggf. nicht anerkannt, falls sie rechtlich unsauber formuliert ist.	Das Betreuungsverfahren kann sich über einige Monate ziehen. Solange es keine medizinische Eile gibt, ist in dieser Zeit keine Unterstützung durch eine rechtliche Vertretung möglich.
Voraussetzung	Es gibt mindestens eine Vertrauensperson, die als Bevollmächtigte infrage kommt.	Ein Betreuungsgericht bestätigt die Notwendigkeit.

Den Kontakt zu Betreuungsvereinen kann die örtliche Behörde herstellen. Eine Datenbank finden Sie unter test.de, Suchwort „Gesetzliche Betreuung", wenn Sie ein Stück nach unten scrollen. Eine staatliche Datenbank zu allen Betreuungsvereinen in Deutschland gibt es leider nicht.

Die Betreuungsverfügung

Ob eine rechtliche Betreuung eingerichtet wird, entscheidet das Betreuungsgericht. Doch Betroffene haben ein Mitspracherecht und können bereits im Vorhinein eine Verfügung aufsetzen, damit ihre Wünsche berücksichtigt werden, falls es später zu einer Betreuung kommt. In der Betreuungsverfügung können Sie beispielsweise festlegen, wen Sie sich als Betreuungsperson wünschen oder wer es auf keinen Fall werden soll. Es können auch Entscheidungswünsche notiert werden, die von der Betreuungsperson berücksichtigt werden müssen, sofern das irgendwie möglich ist. Zum Beispiel können Sie notieren, welche Kriterien ein Pflegeheim erfüllen soll, falls Sie später dorthin umziehen.

Zurate gezogen wird die Betreuungsverfügung erst, wenn jemand das eigene Leben nicht mehr organisieren kann. Das kann zum Beispiel der Fall sein, wenn ein Mensch einen Unfall hatte und längere Zeit behandelt werden muss oder wenn eine Demenz weit fortgeschritten ist. Sobald das örtliche Gericht einen Hinweis bekommt, dass eine Betreuung wahrscheinlich benötigt wird – das kann beispielsweise durch eine Klinik oder durch Verwandte erfolgen –, muss es prüfen, ob eine Betreuungsverfügung vorliegt. Wenn ja, ist das Gericht daran gebunden, sofern die Wünsche nicht beispielsweise gegen das Gesetz verstoßen.

Die Patientenverfügung

Neben Vollmacht und Betreuungsverfügung gibt es eine weitere Verfügung, die als sehr wichtig gilt: Die Patientenverfügung. Darin werden Wünsche zu Behandlungen und Pflege festgelegt, die bedacht werden müssen, wenn jemand sich nicht mehr klar äußern kann.

Die in der Patientenverfügung hinterlegten Informationen sind bindend für das medizinische Personal. Es ist daher sehr wichtig, die eigenen Vorstellungen sehr präzise zu notieren. Selbstverständlich können nicht sämtliche denkbaren Eventualitäten durchgespielt werden. Doch es gibt sehr gute Vorlagen, in denen Verfasser ihre Wünsche für typische Situationen festhalten und darüber hinaus ihre Vorstellungen und Überzeugungen beschreiben können. Daraus können Ärztinnen und Ärzte, Pflegekräfte, Bevollmächtigte und Betreuungspersonen dann den mutmaßlichen Willen erkennen.

DER MUTMASSLICHE WILLE ist immer entscheidend, wenn sich jemand nicht zu einer Behandlung äußern kann. Gemeinsam mit Bevollmächtigten oder Betreuungspersonen muss das behandelnde Personal ergründen, was der betroffene Mensch gewollt hätte. Entscheidend dafür sind Verfügungen, aber auch ethische und religiöse Überzeugungen sowie persönliche Ängste.

Verzichten Sie auf Aussagen wie „Ich möchte nicht künstlich beatmet werden". Denn auch bei einer vorübergehenden Atemnot, etwa nach einem Herzinfarkt oder einer Post-Covid-Reaktion, dürfte das medizinische Personal Sie nicht beatmen – es sei denn, Sie könnten das noch explizit einfordern. Vermutlich hätten Sie diese Situation aber gar nicht gemeint. Daher ist es besser zu beschreiben, welche Behandlung Sie sich für bestimmte Situationen wünschen. Bedenken Sie dabei immer die Zusammenhänge. Wenn Sie Beatmung zulassen, künstliche Ernährung aber nicht, dann werden Sie eventuell verhungern. Es kann absolut legitim sein, dies so zu notieren. Man sollte es aber bewusst tun.

Sie können auch konkrete Handlungen in den Vordergrund stellen, die Ihnen grundsätzlich wichtig sind, zum Beispiel, dass Hunger und Durst gestillt werden oder dass bei Luftnot, Schmerzen, Angst und Unruhe mit geeigneten Maßnahmen und Medikamenten entgegengewirkt wird. Sie können auch um Beistand aus Ihrer Glaubensgemeinschaft bitten.

Eine Patientenverfügung hilft denjenigen, die für Sie entscheiden, schwere Entscheidungen zu treffen. Sie tun mit der Erstellung also nicht nur sich selbst, sondern auch ihren Liebsten einen großen Gefallen.

Gut zu wissen: Ihre mündlichen Aussagen haben immer Vorrang! Die Patientenverfügung wird nur dann zurate gezogen, wenn Sie sich nicht äußern können.

Beratung

Nutzen Sie Beratungsmöglichkeiten. Die örtlichen Betreuungsvereine informieren meist kostenlos zu allgemeinen Fragen rund um Vollmachten und Verfügungen. Wenn Sie eine Patientenverfügung aufsetzen wollen, lassen Sie sich bei Ihrer Hausarztpraxis beraten. Das Personal kennt Ihre medizinische Geschichte und kann wertvolle Tipps geben. Eventuell ist dafür ein privates Honorar zu bezahlen.

Individuelle Beratungen zu Vollmachten bieten Honoraranwälte der Verbraucherzentralen an. Sie sind deutlich günstiger als freie Anwälte, weil sie staatlich bezuschusst werden. Die Kosten liegen in der Regel zwischen 20 und 60 Euro pro Stunde – je nach Ort und Aufwand. Eine Beratung ist meist entweder vor Ort oder telefonisch möglich. Details finden Sie online unter verbraucherzentrale.de.

Bei komplizierten Familienverhältnissen oder hohem Vermögen kann eine Beratung und Mithilfe durch eine spezialisierte Fachanwältin oder einen Fachanwalt sinnvoll sein. Diese meist teuerste Variante kostet in der Regel mehrere Hundert Euro. Kontakte vermitteln die Deutsche Vereinigung für Vorsorge und Betreuungsrecht unter dvvb.de oder der eingetragene Verein Vorsorgeanwalt unter vorsorgevollmacht-anwalt.de.

Einen Notar brauchen Sie in der Regel nicht. Nur wenn ein großes Vermögen zu verwalten ist, sollte eine Vorsorgevollmacht notariell beglaubigt werden. Das ist zum Beispiel bei der örtlichen Betreuungsstelle möglich. Zur Pflicht wird die Beglaubigung, wenn in der Vollmacht das Recht zum Verkauf einer Immobilie oder die Aufnahme von Krediten gestattet werden soll. Die Kosten dafür sind im Gerichts- und Notarkostengesetz festgelegt und abhängig vom Vermögen. Bei einem Vermögen von beispielsweise 250 000 Euro kostet eine notarielle Beglaubigung etwa 350 Euro.

Das Vorsorgeregister

Damit Verfügungen und Vollmachten bei Bedarf auch gefunden werden, ist es sinnvoll, einige Dinge zu beachten. Erstens sollten Sie mit Vertrauenspersonen darüber sprechen, was Sie aufsetzen und wo sich die Originaldokumente befinden. Vollmachten sollten Sie direkt an die bevollmächtigte Person geben oder zumindest sicherstellen, dass sie im Bedarfsfall auch Zugriff darauf hat. Eine Vollmacht, die im unerreichbaren Safe liegt, deren Zahlenkombination nur Sie kennen, ist nicht hilfreich.

Zweitens sollten Sie alle Vollmachten und Verfügungen beim Zentralen Vorsorgeregister der Bundesnotarkammer (vorsorgeregister.de) hinterlegen. Dort fragen Kliniken und Gerichte grundsätzlich nach, ob und welche Dokumente vorliegen. Eine Registrierung kostet einmalig zwischen 20 und 30 Euro. Damit sind die dauerhafte Hinterlegung sowie weitere Kosten wie die Anfragen durch Kliniken und Gerichte gedeckt.

Zusätzlich empfiehlt es sich für alle, die regelmäßig ein Smartphone benutzen, darin eine Information zu hinterlegen, welche Kontakte im Notfall informiert werden sollen. Die meisten modernen Smartphones haben bereits im System eine solche Funktion hinterlegt. Eine weitere Möglichkeit ist die App „Notfall-ID“. Zusätzlich oder alternativ bietet es sich an, ganz altmodisch einen Zettel mit Notfallkontakten im Portemonnaie aufzubewahren.

Pflege zu Hause?

Eine wichtige Frage ist, ob die Pflege im bisherigen Zuhause stattfinden kann und soll. Folgendes hilft bei der Entscheidung.

Für viele Familien ist es die schwierigste Entscheidung: Wo kann die Pflege langfristig gewährleistet werden? Die meisten Menschen möchten gerne im gewohnten Umfeld bleiben. Das kann auch die sinnvollste Entscheidung sein. Manchmal ist ein Umzug in eine barrierefreie Umgebung, eventuell mit stationärer Pflege, aber die bessere Wahl.

Ist die Wohnumgebung geeignet?

Die wichtigste Frage ist wohl, ob die Wohnumgebung grundsätzlich überhaupt geeignet ist. Dazu zählt zum einen die Wohnung oder das Haus selbst. Kann die pflegebedürftige Person hier noch möglichst viel selbstständig machen? Kommt sie allein vom Bett zum Bad und ins Wohnzimmer? Sind Toilette und Dusche oder Badewanne halbwegs barrierefrei nutzbar? Wenn nein, lässt sich daran etwas ändern?

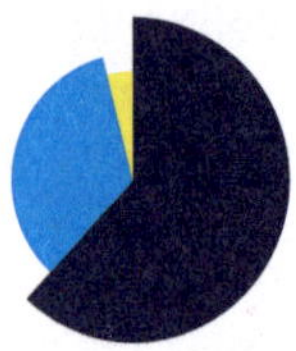

Mit Partner / -in privat: 62 %.
Allein privat: 34 %
Im Heim: 4 %.

WER LEBT WIE? Von allen über 65-Jährigen wohnt die Mehrheit in Deutschland mit Partner oder Partnerin zusammen in einem privaten Zuhause. Lediglich etwa 4 Prozent leben in einem Pflegeheim.

Quelle: Statistisches Bundesamt

Zum anderen ist auch das „Umfeld" entscheidend. Sprich: Sind Supermarkt, Drogerie, Apotheke, Friseur und Praxen gut erreichbar? Gibt es einen Pflegedienst, der unterstützen kann? Gibt es Freunde und Nachbarinnen, die kleinere Aufgaben übernehmen können und wollen, also mal einkaufen, ein Paket reintragen oder im Garten helfen? Besteht Anbindung zu einer Kirchengemeinde, zu einem Chor, einem Tanzkreis, einem Seniorencafé? Auch das soziale Leben spielt eine Rolle: Gibt es einen Partner oder eine Partnerin? Wie kommt er oder sie mit der veränderten Situation klar? Was sind seine oder ihre Wünsche für die Zukunft?

Wenn ein Pflegebedarf entsteht, entscheiden sich viele Menschen dafür, zu Hause wohnen zu bleiben. Das kann neben dem subjektiven Wunsch auch objektiv sinnvoll sein. Viele ältere Menschen profitieren von langjährigen Gewohnheiten und finden beispielsweise den Weg ins Bad auch im Dunkeln oder das richtige Messer in der Schublade ohne richtig hinzusehen. Das hat Vorteile.

Ist die Umgebung gut, aber die Wohnung oder das Haus selbst nur bedingt geeignet, stellt sich die Frage, ob und welche Anpassungen möglich sind. Oft können schon Kleinigkeiten eine enorme Erleichterung oder die Wiedergewinnung von Sicherheit bedeuten. Die drei größten Gefahren sind: Fehlende Handgriffe, Stolperkanten, etwa durch frei liegende Teppiche, und schlechte Beleuchtung.

All das lässt sich relativ einfach beseitigen, indem Sie an den wichtigsten Stellen – etwa in der Dusche – sichere Handgriffe anbringen, Stolperfallen beseitigen, also zum Beispiel Teppichkanten festkleben, und alte Glühbirnen durch moderne, mattweiße LEDs oder sogar smarte Leuchten ersetzen. Kleine Leuchten mit Bewegungsmelder, um den nächtlichen Gang zur Toilette dezent zu erhellen, eine automatische Herdabschaltung, um versehentliches Überhitzen zu vermeiden, und ein Handlauf an der Außenwand, insbesondere wenn dort bereits eine Schleifspur zu sehen ist, können ebenfalls nützlich sein. Was mittlerweile alles an automatisierter Technik möglich ist und wie diese den Alltag von Pflegebedürftigen und Pflegenden erleichtern kann, lesen Sie im Abschnitt „Was noch hilft" ab Seite 122.

WOHNBERATER KOMMEN ZU INTERESSIERTEN nach Hause und können Maßnahmen empfehlen, um Wohnung oder Haus altersgerecht umzugestalten. Die Beratung ist meist kostenlos, da sie vom Staat finanziert wird. Auf der Seite wohnungsanpassung-bag.de können Sie nach Ansprechpartnern in Ihrem Bundesland suchen. Allerdings gibt es sie nicht überall. Der Verein „Barrierefrei leben" bietet unter online-wohn-beratung.de einen guten allgemeinen Überblick.

Weitere mögliche Anpassungen sind Möbelfüße für Couch, Sessel und Bett, sodass diese höher stehen und Pflegebedürftige leichter aufstehen können. Mobile Sitzauflagen, auch Katapultsitze genannt, helfen beim Aufstehen, indem sie auf Knopfdruck ein Stück hochfahren. Ein Stuhl in der Küche, sodass nicht im Stehen geschnippelt werden muss, kann ebenfalls nützlich sein. Auch Griffverlängerungen oder angepasste Halter für zum Beispiel Dosenöffner, Tetrapacks und Schneidemesser können den Alltag erleichtern, weil Senioren damit weniger Kraft aufwenden müssen. Es gibt solche Alltagshilfen zum Beispiel in spezialisierten Onlineshops oder im örtlichen Sanitätsfachhandel.

Außerdem ist es klug, die Einteilung der Küchenschränke und -schubladen zu hinterfragen. Manche Dinge auf der Arbeitsfläche werden fast nie gebraucht. Andere, die deutlich häufiger zum Einsatz kommen, sind nur durch Bücken oder Strecken erreichbar. Ein Umräumen kann dafür sorgen, dass Betroffene wieder selbstständiger agieren können, weil die Küche sich ihren Bedürfnissen anpasst.

Wer kann sich kümmern?

Die zweite wichtige Frage ist: Wer kann welche Art der Pflege und Unterstützung im neuen Alltag übernehmen? Häufig ist es so, dass ein oder mehrere Helfer im Laufe der Zeit bereits Kleinigkeiten übernehmen, bevor es zu einer offiziellen Pflegebedürftigkeit kommt. In den meisten Fällen sind es die Ehefrau, die Schwester, Töchter oder Schwiegertöchter, die nahezu selbstverständlich immer mehr Unterstützung leisten und sich aufopfernd um ihre Angehörigen kümmern.

Ganz wichtig ist es, dass sich daraus kein Selbstläufer entwickelt, mit dem irgendwann alle Beteiligten unglücklich oder überfordert sind. Denn nicht immer ist die scheinbar einfachste auch die beste Lösung. Es kann sogar bedeutende Schäden anrichten, wenn sich jemand aus den falschen Gründen in der Pflege engagiert.

Kümmert sich die Schwiegertochter nur deshalb um die Schwiegermutter, weil ihr Mann sagt, dass sie das viel besser kann als er? Pflegt die Tochter vor allem deshalb ihren Vater, weil sie sich endlich die Anerkennung erhofft, nach der sie sich schon seit Kindheitstagen sehnt? Aus solchen Motiven heraus können sehr belastende Monate und Jahre entstehen – für beide Seiten.

Deshalb sollten sich schon zu Beginn einer Pflegesituation alle Beteiligten klarmachen: Diese Form der Care-Arbeit ist körperlich und emotional anstrengend! Natürlich kann sie auch sehr schön sein, aber sie ist eben auch zeitaufwendig, kraftzehrend und manchmal sehr herausfordernd. Erfolgt ein Pflegeengagement aus den falschen Motiven – und seien sie noch so gut gemeint –, sind eine Überforderung und sehr wahrscheinlich auch psychische und körperliche Schäden vorprogrammiert. Die Pflegeperson wird dann häufig selbst krank und manchmal in verzweifelten Momenten gewalttätig.

Um solche Entwicklungen zu vermeiden, sollte die Familie sich zusammensetzen, sobald sich die Pflegesituation verändert. Auf jeden Fall am Anfang. Und im Laufe der Zeit wieder, wenn mehr Pflege nötig wird.

Wenn Sie die Person sind, die sich üblicherweise um viele Organisationspunkte in der Familie kümmert, dann rufen Sie rechtzeitig die anderen zusammen. Bestehen Sie auf einem Familienrat, an dem sich möglichst alle beteiligen. Entfernt Lebende können sich auch online dazuschalten. Übernehmen Sie nicht automatisch immer mehr, sondern lernen Sie gemeinsam, wie Sie die Pflege anpacken können. Details dazu lesen Sie im Kapitel 3 „Pflege lernen und Beratung in Anspruch nehmen" ab Seite 43.

Hilfe annehmen

Wenn Sie abschätzen können, dass die Pflege in Ihrem Fall besonders herausfordernd werden könnte, zögern Sie nicht, sich rechtzeitig Unterstützung zu suchen. Niemand muss und sollte die Pflege eines Angehörigen allein stemmen.

Insbesondere wenn Sie feststellen, dass die Pflege eine emotional bereits schwierige Beziehung noch verschärfen würde, oder wenn die ganze Situation Sie nach einigen Wochen doch mehr belastet, als Sie gedacht hätten, sollten Sie schnell handeln. Auch erwachsene Kinder, die ihre Eltern zwar gerne unterstützen würden, aber feststellen, dass sie damit beispielsweise den eigenen Kindern nicht mehr gerecht werden könnten, oder deren Lebensentwurf ein solches Engagement einfach nicht zulässt, sollten frühzeitig Hilfe von außen suchen und annehmen. Das ist keine Schande, sondern – im Gegenteil – ein Zeichen von sinnvollem und überlegtem Handeln, das alle Bedürfnisse im Blick behält.

Wer Beratung braucht, kann sich an den örtlichen Pflegestützpunkt oder Betreuungsverein wenden – ruhig auch mehrmals, wenn neue Fragen oder alte Probleme erneut auftauchen. Wer mit einem Profi sprechen möchte, der sich mit den psychologischen Schwierigkeiten einer Pflegesituation auskennt, kann sich an die Beraterinnen von pflegen-und-leben.de wenden. Die speziell geschulten Psychologinnen bieten allen Angehörigen, die gesetzlich versichert sind, eine individuelle Onlineberatung bei seelischen Belastungen durch den Pflegealltag, vermitteln Wissenswertes rund um das Thema psychische Belastungen und geben Tipps für die eigene Selbstfürsorge. Die Onlineberatungen sind kostenfrei und auf Wunsch auch anonym möglich.

Gute Ansprechpartner für praktische Unterstützung in der Pflege sind ehrenamtliche Hilfsdienste, örtliche Pflegedienste und Tagespflegeeinrichtungen. Welche Hilfen sofort wirken, lesen Sie auf den folgenden Seiten.

Schnelle Hilfen, die sofort entlasten

Manche Unterstützungsangebote lassen sich unkompliziert nutzen – auch wenn kein Pflegegrad vorliegt. Das kann schnell entlasten.

Unterstützungsangebote, für die kein Pflegegrad notwendig ist, verschaffen Zeit und lassen sich innerhalb weniger Tage organisieren.

Ehrenamtliche Hilfsdienste

Bei Bedarf unterstützen Ehrenamtliche einen Haushalt bei alltäglichen Aufgaben wie Einkaufen, Kochen, Wäsche waschen. Manche bieten auch Begleitdienste an, etwa zum Amt oder zur Hausarztpraxis oder sie gehen auch einfach mit Pflegebedürftigen spazieren. Angehörige haben dann mehr Zeit, um andere Dinge zu organisieren.

Die Hilfe wird oft von Wohlfahrtsverbänden oder privaten Vereinen angeboten. Auch private Dienstleister engagieren sich mittlerweile in diesem Bereich. Entsprechende Angebote heißen etwa „Seniorenbetreuung", „Alltagsunterstützung" oder „Mobiler Sozialer Dienst".

ALLTAGSBEGLEITUNG ODER BETREUUNGSASSISTENZ meint keine Ehrenamtlichen, sondern ausgebildete Hilfskräfte. Sie unterstützen Pflegebedürftige oder Menschen mit einer Behinderung in deren Alltag. Aktivierung, Betreuung und Begleitung kann zu Hause oder in Einrichtungen stattfinden.

Für Ehrenamtliche fällt in der Regel nur eine geringe Ehrenamtspauschale an. Dienstleister verlangen meist ein Stundenhonorar und sind somit in der Regel etwas teurer als ehrenamtliche Hilfsdienste, können aber manchmal noch schneller unterstützen.

Den Kontakt zu Hilfsdiensten können Sie online suchen oder beim örtlichen Pflegestützpunkt (zu finden unter zqp.de/beratung-pflege/) erfragen. Viele Städte haben auch spezielle Seniorenberatungsstellen. Alternativ können Sie auch direkt beim Wohlfahrtsverband Ihres Vertrauens fragen, ob ehrenamtliche Hilfe für Ihre Situation angeboten wird.

Pflege im Alter ist ganz normal

Die Wahrscheinlichkeit, Pflege zu benötigen, steigt im Alter rapide an. Bei den über 90-Jährigen liegt die Pflegequote, also die Prozentzahl aller Menschen in dieser Altersspanne in Deutschland, die Pflege brauchen, bei fast 82 Prozent.

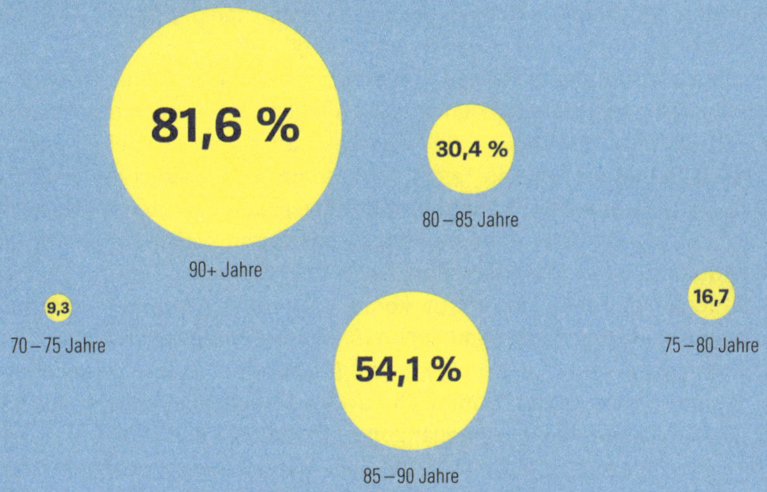

Pflegebedarf in Deutschland

Ende des Jahres 2022 gab es in Deutschland fast 5 Millionen Pflegebedürftige, Tendenz seit Jahren steigend. Die meisten von ihnen leben zu Hause, wo Angehörige einen großen Teil der Pflege übernehmen.

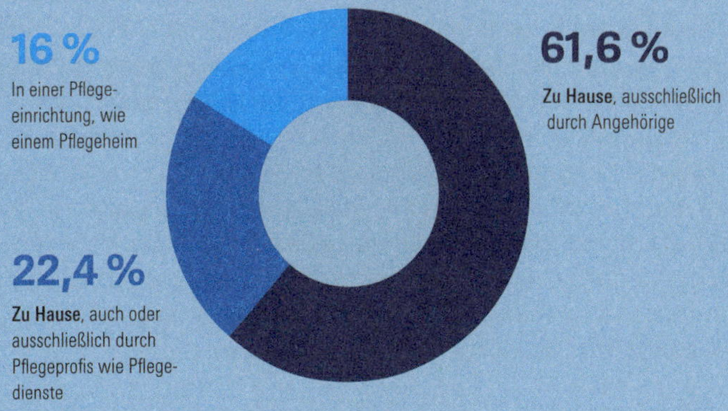

Essen auf Rädern

Ein Menü-Bringdienst, der täglich eine warme Mahlzeit vorbeibringt, kann eine enorme Entlastung bedeuten. Gute Bringdienste halten sich außerdem an die Ernährungsempfehlungen der Deutschen Gesellschaft für Ernährung (DGE) für Senioren und tragen so zu einer gesunden Ernährung bei. Details erfahren Sie online unter dge.de, Reiter „Gesunde Ernährung", Unterpunkt „Gezielte Ernährung".

Die Konzepte der einzelnen Anbieter unterscheiden sich leicht voneinander. Manche Dienste kochen täglich frisch und bringen das Essen in einer Warmhaltebox bis an die Haustür. Andere Dienste kochen nur alle paar Tage und kühlen das Essen stark herunter. Erst kurz vor der Lieferung wird es erwärmt. Neben Wohlfahrtsverbänden bieten mittlerweile auch private Dienste, manche Pflegedienste und örtliche Anbieter wie Restaurants einen Bringdienst an. Einen Überblick kann der örtliche Pflegestützpunkt geben. Alternativ können Sie auch „Menü-Bringdienst" plus Wohnort der Pflegebedürftigen in einer Internetsuchmaschine eingeben. Idealerweise können Sie online Angebot und Preise vergleichen.

Achten Sie bei Bedarf darauf, ob auf Unverträglichkeiten oder spezielle Ernährungswünsche eingegangen wird. Gute Dienste bieten außerdem Probemenüs, erlauben kurzfristiges Abbestellen, ohne dass Kosten entstehen, liefern vegetarische oder vegane Kost auch an einzelnen Tagen, sind zuverlässig erreichbar und rechnen das Essen am Ende des Monats nach tatsächlicher Lieferung ab. Hilfreich ist auch eine nicht allzu lange Kündigungsfrist, falls sie doch nicht zufrieden sind.

Weitere Hilfen

In vielen Regionen gibt es weitere Hilfen, die unkompliziert den Alltag erleichtern. Sie sind für alle Menschen – unabhängig von Alter und Pflegebedürftigkeit – geeignet. Dazu zählen etwa Einkaufshilfen, klassische Haushaltshilfen oder mobile Fußpflege. Mittlerweile bieten auch viele Supermärkte einen Bringdienst an. Anbieter wie PicNic, Knuspr oder Flaschenpost, die Lebensmittel und Getränke von verschiedenen Anbietern liefern, erfreuen sich größerer Beliebtheit. Die Hilfen lassen sich einfach nutzen und abbestellen, wenn man sie nur übergangsweise braucht.

Eine weitere Unterstützung können technische Hilfen sein. Diese lassen sich meist nicht von heute auf morgen einrichten, aber sie können perspektivisch eine große Erleichterung darstellen. Egal, ob Hausnotruf, Saugroboter oder smarte Haushaltshelfer – von Jahr zu Jahr ist mehr möglich. Welche technischen Alltagshilfen es gibt, was sie kosten und woran sich die Pflegeversicherung beteiligt, lesen Sie ab S. 122.

02

Erfolg beim Pflegeantrag

Pflegebedarf und Pflegegrad

Pflegeleistungen gibt es nur mit Pflegegrad. Dieser wird in einem gesetzlich festgelegten Verfahren bestimmt. Wir erklären, wie das funktioniert und was Sie beachten können, damit es gut läuft.

Seit Januar 2017 gilt in Deutschland das aktuelle System der Pflegegrade. Dafür wurde auch gesetzlich festgelegt, wie ein Pflegegrad bestimmt werden soll und welche Leistungen in den einzelnen Kategorien maximal möglich und wie diese miteinander kombinierbar sind.

Das System wurde von Ärztinnen und Ärzten, Pflegekräften, Versicherern und Interessenvertretern der Verbraucher gemeinsam entwickelt. Es gilt als Fortschritt im Vergleich zum alten System der Pflegestufen, die es davor gab. Zum einen gibt es mittlerweile mehr und bessere Leistungen. Zum anderen haben auch deutlich mehr Menschen einen Anspruch darauf, weil nicht mehr nur körperliche Einschränkungen, sondern auch psychische, kognitive oder sonstige gesundheitliche Gründe mitbedacht werden, die dafür sorgen können, dass Betroffene regelmäßig Hilfe in ihrem Alltag brauchen.

WAS VIELE NICHT WISSEN: Ob eine Erkrankung, ein Unfall, eine Behinderung oder eine altersbedingte Verschlechterung der Alltagskompetenzen einen Hilfebedarf verursachen, spielt in der Festlegung des Pflegegrads keine Rolle. Der Grund für die Pflegebedürftigkeit ist also egal. Entscheidend ist einzig und allein, dass ein Mensch dauerhaft, also für voraussichtlich mehr als sechs Monate, in seinem Alltag auf Hilfe und Unterstützung in einem gewissen Mindestmaß angewiesen ist.

Der Pflegebedarf

Als das aktuelle System eingeführt wurde, war früh klar, dass es eine Einstufung braucht. Leicht Pflegebedürftige sollen bestimmte Basisleistungen erhalten und schwer Pflegebedürftige ein hohes Maß an Unterstützung bekommen. Herausgekommen ist eine Einteilung in fünf Pflegegrade, kurz PG. Die Beeinträchtigung der Selbstständigkeit wird wie folgt definiert: PG 1: Gering, PG 2: Erheblich, PG 3: Schwer, PG 4: Schwerst, PG 5: Schwerste Beeinträchtigung der Selbstständigkeit mit besonderen Anforderungen an die pflegerische Versorgung.

Wenn von „Pflegebedarf" die Rede ist, kann also immer eine von zwei verschiedenen Optionen gemeint sein: Entweder der tatsächliche Bedarf, den eine bestimmte Person hat. Oder der Bedarf, den sie laut Einteilung in einen Pflegegrad „haben darf". Schauen Sie daher immer genau hin, was davon gerade gemeint ist.

Leistungen je nach Pflegegrad

Welche Leistungen zur Verfügung stehen, ist abhängig vom Pflegegrad. Es gibt mindestens 125 Euro pro Monat, mit denen Alltagshilfen finanziert werden können. In höheren Pflegegraden gibt es deutlich mehr Geld, um Pflege und Unterstützung mitzufinanzieren. Mehr als 2000 Euro monatlich plus jährliche Extraleistungen sind möglich. Zusätzlich gibt es Zuschüsse für Hilfsmittel und verschiedene Einmalleistungen. Beispielsweise stellt die Pflegeversicherung bis zu 4000 Euro für Umbaumaßnahmen zur Verfügung, wenn diese die Pflege erleichtern. Allein dafür kann sich ein Antrag auf Pflegeleistungen lohnen. Details zu den Leistungen lesen Sie in Kapitel 5 ab Seite 81.

Was darüber hinaus gewünscht oder gebraucht wird, müssen Betroffene aus eigener Tasche oder durch anderweitige Unterstützung finanzieren. Welche Leistungen es von weiteren Versicherungen und vom Staat gibt, lesen Sie im letzten Kapitel ab Seite 144.

Festlegung nach Begutachtung

Welchen Pflegegrad und somit auch welche Leistungen jemand erhält, wird von einer speziell geschulten Person eingeschätzt und dann nach einem Bericht von der Pflegeversicherung festgelegt. Dafür hat der Gesetzgeber einen festen Fragen- und Aufgabenkatalog definiert. So soll eine neutrale Entscheidung für alle Antragstellenden ermöglicht werden.

Ein weiterer Vorteil für Betroffene ist, dass sie sich auf die Begutachtung vorbereiten können. Denn es ist ja bekannt, was gefragt und geprüft wird. Das bedeutet natürlich nicht, dass Sie mit der pflegebedürftigen Person „üben" sollen. Das wäre sogar kontraproduktiv. Aber es ist sinnvoll, sich einige Dinge vorher zu überlegen und Nachweise über bestimmte Diagnosen oder Therapien bereitzulegen.

Sozialmedizinische Prüfung

Der Medizinische Dienst (MD) prüft im Auftrag der Pflegekassen, ob die Voraussetzungen der Pflegebedürftigkeit im Sinne der Pflegeversicherung erfüllt sind und welcher Pflegegrad vorliegt. Die Pflegebegutachtung wird von speziell ausgebildeten Pflegefachkräften sowie Ärztinnen und Ärzten durchgeführt.

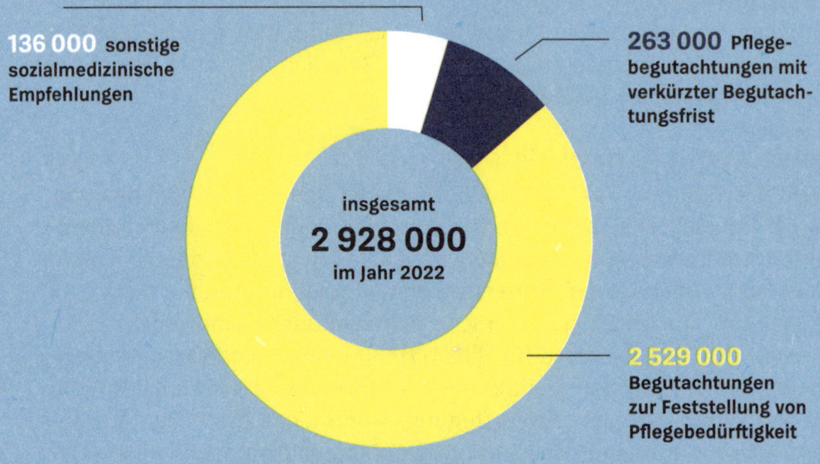

» Der MD gilt als unabhängige Körperschaft. Er muss losgelöst von möglichen Interessen der Kranken- und Pflegekassen handeln. «

Rund

90 %

der deutschen Bevölkerung sind gesetzlich versichert.

Mehr als

1,2

Millionen Anträge auf Pflegeleistungen werden jedes Jahr gestellt.

Etwa

80 %

der Anträge sind erfolgreich.

Auf die Begutachtung vorbereiten

Bei der Begutachtung für einen Pflegegrad werden viele Fragen gestellt. Wer sich vorher Notizen macht und relevante Nachweise bereitlegt, kann mit möglichst wenig Stress einen realistischen Eindruck vermitteln.

Begutachten dürfen nur Fachkräfte, die eine pflegerische Ausbildung oder ein medizinisches Studium erfolgreich abgeschlossen und anschließend eine Zusatzqualifikation zur Beurteilung einer Pflegebedürftigkeit erworben haben. Zu gesetzlich Versicherten kommt jemand vom Medizinischen Dienst (MD), zu Privatversicherten jemand von der Firma Medicproof.

Die Begutachtung ist an gesetzliche Vorgaben gebunden. Sie muss neutral und unabhängig erfolgen. Das Ziel ist es, Folgendes zu ermitteln: Wie viel Hilfe braucht ein Mensch bei welchen alltagstypischen Tätigkeiten? Welche Fähigkeiten könnten durch passende Reha-Maßnahmen noch einmal verbessert werden? Was wäre dafür nötig? Welche Fähigkeiten können durch Präventionsmaßnahmen möglichst lange erhalten bleiben? Welche wären das in diesem Fall? Welche Hilfsmittel könnten eingesetzt werden, um bestimmte Tätigkeiten zu erleichtern oder sogar (wieder) ohne menschliche Unterstützung zu schaffen?

Die Aufzählung zeigt bereits, dass der Gutachter oder die Gutachterin nicht ausschließlich Fragen stellt und beurteilt, sondern auch berät. Wenn bestimmte Hilfsmittel als sinnvoll erachtet werden, können sie direkt mit dem Gutachten beantragt werden. Auf diese Weise werden sie in aller Regel problemlos genehmigt, sodass die Pflegeversicherung die Kosten – teilweise oder vollständig – übernimmt und teils auch die Beschaffung organisiert. Details zu Hilfsmitteln lesen Sie ab Seite 83.

Ort und Zeit der Begutachtung

Zwischen Antrag und Gutachtertermin dürfen laut Gesetz maximal fünf Wochen vergehen. Meist geht es schneller. In akuten Fällen, etwa wenn jemand im Krankenhaus liegt und ein Pflegegrad zur Weiterversorgung notwendig ist oder wenn eine angehörige Person den Nachweis braucht, um eine Pflegezeit mit dem Arbeitgeber vereinbaren zu können, muss der Termin binnen einer oder zwei Wochen – je nach Fall – gefunden werden.

Üblicherweise findet die Begutachtung im Zuhause der Person statt, die den Antrag auf Pflegeleistungen gestellt hat. Sie soll die Möglichkeit haben, in ihrer gewohnten Umgebung Fragen zu beantworten und anhand verschiedener Übungen zu zeigen, was im Alltag noch wie gut selbstständig klappt und wobei Hilfe nötig ist. Das geht im bekannten Umfeld am besten.

Wenn nötig, ist auch eine Begutachtung in einer Klinik, einer Reha-Einrichtung, einem Pflegeheim oder an einem anderen Ort möglich. In Ausnahmefällen entscheidet die Versicherung nach Aktenlage und holt den Besuch später nach. Das soll aber vermieden werden. Falls es eine spätere Begutachtung gibt, braucht niemand eine Schlechterstellung zu befürchten. Diese ist gesetzlich untersagt.

Betroffene haben bei der Terminfindung ein Mitspracherecht. Überlegen Sie schon bei der Antragstellung gemeinsam, was Ihnen gut passt. Hat die pflegebedürftige Person beispielsweise bestimmte Angewohnheiten, wie etwa einen Mittagsschlaf? Dann wäre es gut, wenn die Begutachtung nicht genau in diese Zeit fällt. Wichtig zu überlegen ist auch, wer bei dem Termin noch dabei sein soll und welche Zeit dieser Mensch gut einrichten kann. Bedenken Sie außerdem eine gewisse Vorbereitungszeit. Es kann gut sein, dass die betroffene Person nervös ist vor dem Termin und deshalb etwas länger zum morgendlichen Anziehen braucht. Versuchen Sie, so viele Stressfaktoren wie möglich zu vermeiden, indem Sie eine gut passende Zeit ausmachen.

Vorbereitung hilft enorm

Die Gutachterin oder der Gutachter möchte sich ein realistisches Bild der aktuellen Lage machen. Dafür ist es sinnvoll, vor der Begutachtung verschiedene Unterlagen bereitzulegen, um konkreter auf Fragen antworten zu können. Dazu gehören insbesondere: aktuelle Berichte von Ärztinnen und Ärzten, aktuelle Entlassungsberichte vom Krankenhaus oder von der Reha-Einrichtung, Medikamentenplan, Liste der genutzten Hilfsmittel (etwa Brille, Hörgerät, Gehstock, Rollator), Schwerbehindertenausweis (wenn vorhanden) und Pflegedokumentation (sofern schon regelmäßig ein ambulanter Pflegedienst kommt).

Hilfreich ist es auch aufzuschreiben, wie ein typischer Tag abläuft. Sie müssen kein minütlich genaues Pflegetagebuch mehr vorlegen, wie es früher einmal üblich war. Aber es hilft bei der Begutachtung, wenn Sie einen Überblick geben können, wie ein typischer Tag aussieht, wer regelmäßig welche kleinen Hilfen leistet, was gerne so bleiben darf und wobei mehr Unterstützung nötig wäre.

Außerdem sollten sowohl die Pflegebedürftigen selbst als auch die Person, die bei der Begutachtung mit dabei ist, sich ein paar Notizen zu Zukunftsgedanken machen. Sprechen Sie vorher darüber und notieren Sie beispielsweise, was sich beide Seiten in Bezug auf Pflege und Unterstützung wünschen, welche Bedenken, Ängste oder Sorgen Sie diesbezüglich haben, ob und welche Hilfsmittel das Leben erleichtern würden, und ob und was die pflegebedürftige Person gerne in einer Reha oder bei passenden ambulanten Therapieangeboten üben würde, damit es wieder besser klappt, etwa Gleichgewicht, Kontinenz, Kraft oder Flexibilität. Es gibt viele Angebote, die die Pflegeversicherung (mit)finanziert.

Setzen Sie sich außerdem gemeinsam damit auseinander, welche Fragen und Übungen ungefähr auf die pflegebedürftige Person zukommen. Es soll nicht vorher trainiert werden, aber auf manche Fragen möchte man gerne vorbereitet sein.

Zum Beispiel wird die Gutachterin oder der Gutachter fragen, ob die pflegebedürftige Person noch allein auf die Toilette gehen kann. Dabei sind die Details entscheidend: Kann sie allein den Raum betreten, sich entkleiden, sich korrekt positionieren, ohne Probleme beide möglichen Geschäfte verrichten, sich anschließend säubern und allein wieder anziehen? Was davon klappt nicht mehr so gut? Und geht manchmal auch etwas in die Hose?

WELCHE HILFE SPÄTER genutzt wird, können Betroffene übrigens individuell entscheiden. Nur weil Betroffene „zugeben", dass sie manchmal Urin verlieren, müssen sie später keine spezifischen Einlagen tragen. Sie dürfen, aber sie müssen nicht, in genau diesen Bereichen Hilfe in Anspruch nehmen. Die Fragen dienen dazu, Punkte zu vergeben, um eine Einteilung in einen Pflegegrad zu ermöglichen. Und dieser erlaubt dann eine gewisse Höhe an Leistungen.

Über solche Details spricht man normalerweise nicht so gerne. Erst recht nicht mit Fremden. Bereiten Sie sich daher gemeinsam darauf vor, dass diese Fragen kommen werden. Machen Sie sich bewusst, dass die Fachkraft diese Gespräche täglich führt und dass diese somit Alltag für sie sind. Intime Themen müssen Ihnen und der pflegebedürftigen Person nicht unangenehm sein, sondern das Gespräch soll dabei helfen, den Hilfebedarf bei entscheidenden Tätigkeiten einzuschätzen. Denn wer sich wirklich nicht mehr gut allein den Po säubern kann, der bekommt sehr schnell ein ernstes Problem. Da ist es besser, rechtzeitig darüber zu sprechen und Lösungen zu finden. Oft gibt es mehr hilfreiche Optionen, als die Betroffenen kennen oder zu fragen gewagt hätten. In aller Regel ist das spätere Leben mit passenden Hilfsmitteln dann deutlich angenehmer und Betroffene sind im Nachhinein froh, das unangenehme Gespräch geführt zu haben.

Vorbereitung nicht übertreiben

Viele Pflegebedürftige, insbesondere Frauen, haben das dringende Bedürfnis, das Zuhause für die Begutachtung richtig schön herzurichten: Da wird tagelang aufgeräumt, gesaugt und gefeudelt, die Gardinen gewaschen, die gute Tischdecke aufgelegt, frische Blumen auf den Tisch gestellt, etc. Das ist nicht empfehlenswert!

Erstens will die Gutachterin oder der Gutachter sich einen realistischen(!) Eindruck über den Hilfebedarf verschaffen. Wenn das Wohnzimmer dafür derartig herausgeputzt wird wie zuletzt an Weihnachten 2005, dann ist das weder realistisch noch hilfreich, um bestehende Probleme zu erläutern. Zweitens übernehmen die Pflegebedürftigen sich damit oft und werden dann womöglich einen Tag vor der Begutachtung krank. Oder kurz danach. Damit ist niemandem geholfen.

Beschränken Sie die Vorbereitungen auf den Begutachtungstermin daher auf ein vernünftiges Maß. Holen Sie gerne einen aktuellen Medikamentenplan von der Hausarztpraxis oder aus der Apotheke. Legen Sie gerne schöne und gleichzeitig bequeme Kleidung für den Tag zurecht, in denen die pflegebedürftige Person sich wohl fühlt. Schieben Sie gerne nochmal den Staubsauger durchs Zimmer. Bereiten Sie sich gerne auf bestimmte Fragen vor.

Aber übertreiben Sie nicht. Letztlich geht es ja darum, einen Einblick in den ganz normalen Alltag zu bekommen, damit dafür die notwendige Unterstützung organisiert und finanziert werden kann.

Die Begutachtung

Der Begutachtungstermin dauert etwa 30 bis 90 Minuten. Danach steht innerhalb weniger Tage der Pflegegrad fest. Folgendermaßen läuft der Termin ab.

Im Normalfall kommt die Fachkraft für die Begutachtung zur pflegebedürftigen Person nach Hause. Meist ist noch ein Angehöriger dabei, um zu unterstützen. Während des Termins werden zuerst 64 Details aus sechs Lebensbereichen, den sogenannten Modulen, erfragt oder untersucht. Sie sind die Basis für die Pflegegrad-Festlegung. Die sechs Module sind: „Mobilität", „kognitive und kommunikative Fähigkeiten", „Verhaltensweisen und psychische Probleme", „Selbstversorgung", „Bewältigung von und selbstständiger Umgang mit krankheits- oder therapiebedingten Anforderungen und Belastungen" sowie „Gestaltung des Alltagslebens und sozialer Kontakte".

Zusätzlich gibt es noch 14 weitere Fragen in den Modulen 7 „Außerhäusliche Aktivitäten" und 8 „Haushaltsführung". Die Antworten auf diese Fragen geben keine Punkte und zählen somit nicht direkt für die Einstufung in einen Pflegegrad. Doch sie sollen helfen, die Gesamtsituation einzuschätzen und nötige Hilfsmittel oder Therapien vorzuschlagen.

Treppen steigen und Glas einschenken

Viele können sich zunächst nicht vorstellen, was die Fachkraft denn eigentlich genau begutachten will. Eine der ersten Aufgaben ist es üblicherweise, dass die pflegebedürftige Person vom Stuhl aufstehen, ein paar Treppenstufen hinauf- und wieder hinuntersteigen, sich ins Bett legen, wieder aufstehen und wieder auf den Stuhl vom Anfang setzen soll.

Wichtig: Es geht nicht darum, dass die pflegebedürftige Person das „schaffen" soll. Die Fachkraft versucht vielmehr zu erkennen, ob und welche Bewegungsabläufe gut allein ausgeführt werden können, bei welchen ein Hilfsmittel dafür sorgt, dass es klappt, und wo ein wenig oder viel Unterstützung durch eine helfende Hand notwendig ist. Davon abhängig vergibt die Fachkraft unterschiedlich viele Punkte. Alles, was jemand allein kann, gibt keine Punkte. Ist ein wenig Hilfe nötig, werden je nach Frage 1 bis 3 Punkte vergeben. Wenn etwas nur mit viel Hilfe oder gar nicht klappt, gibt es 3 bis maximal 9 Punkte.

Nach diesem System werden alle Fragen und Übungen abgearbeitet. Es wird beispielsweise geschaut, ob sich jemand gut versorgen kann, also etwas zu trinken einschenken oder Essen bereitlegen und das ohne Hilfe konsumieren kann. Auch das Waschen und Anziehen sind sehr wichtig. Eher nebenbei überprüft die Fachkraft, ob die pflegebedürftige Person allen Anweisungen gut folgen kann, ob sie sich mehrschrittige Aufgaben merken kann und sich daran auch später noch erinnert.

Auch krankheitstypische Verhaltensweisen und Probleme sowie der Umgang mit eigenen Erkrankungen werden abgefragt beziehungsweise notiert, wenn sie auftreten. Wenn jemand zum Beispiel regelmäßig Medikamente einnehmen muss, dann ist die Frage, ob er oder sie das allein kann und auch daran denkt. Zum Themenkomplex Erkrankungen gehört auch, ob jemand sich selbst oder andere schädigt – körperlich oder etwa durch Anschreien oder Beschimpfen. Für bestimmte Ausprägungen von Demenz ist das beispielsweise typisch. Die Auswirkungen solcher Erkrankungen müssen nach dem aktuellen System genauso in die Bewertung einfließen wie körperliche Einschränkungen.

Je nachdem, welchen Eindruck die Fachkraft hat, kann es sein, dass sie zwischendurch oder am Ende noch um ein Vier-Augen-Gespräch mit einem oder einer Angehörigen bittet. So können bestimmte Vermutungen noch einmal abgefragt werden, damit dafür Punkte vergeben werden dürfen. Manches bespricht sich auch leichter, wenn die betroffene Person nicht mithört. Hier geht es nicht darum, jemanden zu diffamieren, sondern vielmehr um einen realistischen Eindruck. Gerade wenn die pflegebedürftige Person sich gegenüber der Fachkraft besonders tapfer gibt, kann es von Vorteil sein, das ein oder andere ein wenig „gerade zu rücken", damit es auch tatsächlich die Hilfe gibt, die gebraucht wird.

Von den Punkten zum Pflegegrad

Am Ende des Termins hat die Fachkraft viele Punkte notiert. Diese werden anschließend nach einem festgelegten System prozentual gewichtet. Der Bereich Selbstversorgung zählt beispielsweise mehr in der Gesamtbewertung als etwa der Bereich Sozialkontakte. Welche Verhältnisse gelten, sehen Sie in der Grafik auf der nächsten Seite.

Aus den gewichteten und gerundeten Punkten entsteht ein Gesamtpunktwert zwischen 0 und 100. Dieser legt den Pflegegrad fest.

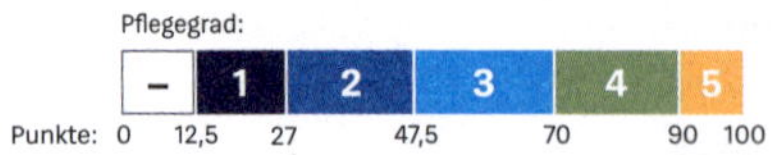

PFLEGEGRAD AB 12,5 PUNKTEN. In ungleichmäßigen Stufen reicht die Skala von Pflegegrad 1 bis 5.

Die Begutachtung

Bei der Begutachtung zur Pflegebedürftigkeit wird die Selbstständigkeit der Betroffenen in sechs Lebensbereichen, den Modulen, eingeschätzt. Je wichtiger ein Modul für den Alltag ist, desto stärker fließt es in die Gesamtbewertung ein.

Mobilität
Wie gut kann sich jemand allein fortbewegen, aufstehen, hinsetzen?

Kognition und Kommunikation
Wie gut kann sich jemand verständigen und erinnern?

Verhalten und Psyche
Hat jemand aggressive Schübe, Ängste oder Depressionen?

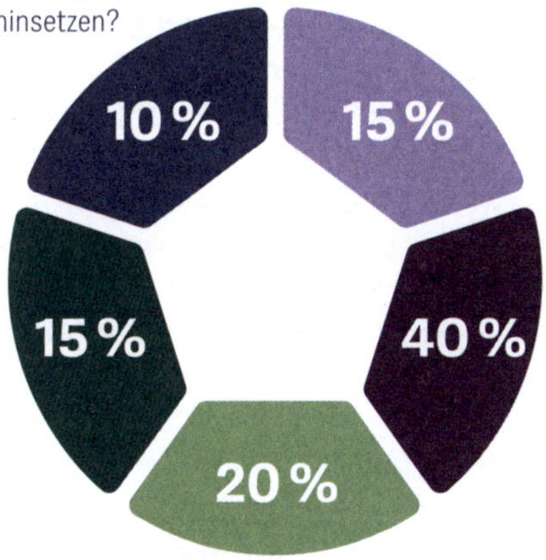

Selbstversorgung
Inwieweit ist jemand in der Lage, allein zu essen und zu trinken, sich zu waschen und anzuziehen oder die Toilette zu benutzen?

Krankheit und Therapie
Wie selbstständig kann jemand eigene Krankheiten behandeln, also Medikamente einnehmen oder Spritzen setzen, und Ärzte aufsuchen?

Alltag und soziale Kontakte
Wie gut kann jemand den Tag gestalten und Kontakte pflegen?

Wer weniger als 12,5 Punkte erreicht, bekommt keinen Pflegegrad anerkannt. Der notwendige Hilfebedarf wird als so gering angesehen, dass die Pflegeversicherung dafür kein Geld der Allgemeinheit ausgibt. Ab 12,5 Punkten gibt es Pflegegrad 1. Anschließend folgen in einer ungleichmäßig aufgeteilten Skala die Pflegegrade 2 (ab 27 Punkten) bis 5 (ab 90 Punkten). Warum die Skala so ungleichmäßig ist, ist unbekannt.

Pflegegrad 1 bedeutet, dass jemand noch relativ selbstständig das eigene Leben führen kann und nur in einzelnen Teilbereichen regelmäßig Hilfe braucht. Daher gibt es nur Basisleistungen. Ab Pflegegrad 2, also ab 27 oder mehr Punkten, lassen sich sämtliche Leistungen der Pflegeversicherung nutzen. Bis Pflegegrad 5 steigen Grad für Grad die möglichen Maximalbeträge, die als Zuschüsse möglich sind.

Der Bescheid

Nach der Begutachtung schickt die Fachkraft einen Bericht an die zuständige Pflegeversicherung. Darin sind die Ergebnisse der einzelnen Fragen notiert und es wird der passende Pflegegrad empfohlen. In aller Regel legt die Versicherung dann den empfohlenen Pflegegrad fest.

Wenige Tage nach dem Termin kommt der Bescheid der Pflegekasse mit dem Ergebnis und einer Kopie des Berichts über den Begutachtungsbesuch. Früher musste der Bericht meist separat angefordert werden. Mittlerweile wird er automatisch mitgeschickt, damit die Betroffenen nachvollziehen können, wie der Punktwert zustande kam und in welchem Bereich wie viele Punkte vergeben wurden. So lässt sich überprüfen, ob die Bewertung in Ihren Augen realistisch ist. Auch Kopien sämtlicher Anträge auf Leistungen und Hilfsmittel, die bei der Begutachtung vermerkt wurden, müssen beigelegt sein.

Mit dem Bescheid lassen sich dann konkrete Leistungen beantragen. Rechnungen für pflegebedingte Kosten, die Sie zwischen der Antragstellung und der Bewilligung eines Pflegegrads beglichen haben, können Sie nun einreichen, um sich die Kosten erstatten zu lassen. Das ist zum Beispiel auch für Fahrtkosten möglich, die Sie explizit wegen der Pflegebedürftigkeit hatten, etwa zum Begutachtungstermin.

Wenn sich der Zustand der pflegebedürftigen Person im Laufe der Zeit verschlechtert, können Sie einen Antrag auf eine erneute Begutachtung stellen. Diese läuft dann genauso ab wie die erste und ermöglicht eine Höherstufung in einen höheren Pflegegrad. Dieser Schritt sollte aber gut überlegt sein. Es gibt nämlich keinen Bestandsschutz! Eine neue Begutachtung sollte deshalb nur beantragt werden, wenn sich der Zustand deutlich verschlechtert hat oder wenn bei der vergangenen Begutachtung der nächsthöhere Pflegegrad nur knapp verfehlt wurde. Was Sie bei einem Zweitantrag außerdem bedenken sollten, lesen Sie im letzten Kapitel ab Seite 144.

Sind Sie bereits jetzt unzufrieden mit dem Ergebnis der Begutachtung? Haben Sie den Eindruck, dass wichtige Einschränkungen nicht berücksichtigt wurden? Und sehen Sie eine realistische Chance, einen höheren oder überhaupt einen Pflegegrad zu erreichen, wenn alle Einschränkungen korrekt bepunktet werden? Dann nutzen Sie die Möglichkeit, Widerspruch gegen den Bescheid einzulegen. Wie das geht und wer Ihnen dabei helfen kann, erfahren Sie auf den kommenden Seiten.

Sind Sie zufrieden und möchten gerne wissen, welche Beratungen Sie nutzen können und wie Sie Pflege praktisch lernen können? Dann springen Sie einfach weiter zu Kapitel 3 ab Seite 44. Welche Leistungen es genau gibt und wie Sie diese optimal miteinander kombinieren können, erfahren Sie in Kapitel 5 ab Seite 81.

Widerspruch und Klage

Nicht immer läuft bei der Einstufung alles glatt. Wenn Sie mit dem Ergebnis nicht zufrieden sind, haben Sie folgende Optionen, dagegen vorzugehen.

Manchmal bekommen Menschen keinen Pflegegrad bewilligt, obwohl sie regelmäßig Hilfe im Alltag brauchen. Laut Statistik werden etwa 20 Prozent aller Anträge auf Pflegeleistungen abgelehnt. Hin und wieder werden auch Punkte in einem Bereich aus unerklärlichen Gründen nicht vergeben, sodass Pflegebedürftige einen aus ihrer Sicht zu niedrigen Pflegegrad zugewiesen bekommen.

Das ist besonders ärgerlich, wenn sie knapp am nächsthöheren Pflegegrad vorbeischrammen. Das ist beispielsweise der Fall, wenn jemand 26 Punkte erhält und somit in Pflegegrad 1 nur eingeschränkte Leistungen nutzen kann, während es mit 28 Punkten Pflegegrad 2 und das volle Leistungsspektrum gegeben hätte. In solchen Fällen ist es sinnvoll, über einen Widerspruch nachzudenken. Im Jahr 2019 waren mehr als ein Viertel der eingereichten Widersprüche erfolgreich.

Der Widerspruch muss bei der zuständigen Pflegeversicherung eingereicht werden. Damit er akzeptiert wird, muss er bestimmte Informationen enthalten. Neben Namen, Adresse und Versicherungsnummer der pflegebedürftigen Person muss klar „Widerspruch gegen den aktuell festgelegten Pflegegrad" beziehungsweise „Widerspruch gegen die Ablehnung eines Pflegegrads" genannt sein. Die pflegebedürftige Person oder eine bevollmächtigte Vertretung muss unterschreiben.

Der Widerspruch muss schriftlich und rechtzeitig eingereicht werden. Ideal dafür ist ein Einschreiben mit Rückschein. So haben Sie einen Nachweis, wann der Widerspruch angekommen ist. Er muss spätestens einen Monat, nachdem der ursprüngliche Bescheid bei der pflegebedürftigen Person ankam, bei der Pflegeversicherung eintreffen. Heben Sie den Bescheid, mit dem Sie unzufrieden sind, deshalb unbedingt auf. Der Poststempel kann als Nachweis dienen, wann Sie den Bescheid frühestens erhalten haben.

Sollte der Bescheid keine Informationen dazu enthalten, wann, wo und in welcher Form der Widerspruch eingereicht werden muss, können Sie den Bescheid aus formalen Gründen anfechten. Dann beträgt die Widerspruchsfrist ein Jahr. Das ist aber sehr selten.

Erfolg beim Widerspruch

Damit der Widerspruch Aussicht auf Erfolg hat, sollten Sie ihn gut begründen. Nehmen Sie dafür Bezug auf das Pflegegutachten, das mit dem Bescheid zusammen verschickt wird. Gehen Sie auf jeden Punkt ein, der Ihrer Meinung nach falsch bewertet wurde, und begründen Sie Ihre Ansicht möglichst mit einem oder mehreren ärztlichen Attesten. Die Begründung können Sie nachreichen. Wichtig ist, dass der formale Widerspruch pünktlich ist. Kündigen Sie im Widerspruchsschreiben an, dass die Begründung noch kommt.

SOZIALVERBÄNDE WIE DER SOVD UND VDK, manche Gewerkschaften und bestimmte Vereine helfen auf Nachfrage bei Widerspruchsverfahren. Viele von ihnen haben eine Erfolgsquote von mehr als 50 Prozent. Pflegestützpunkte können ebenfalls zum Widerspruch beraten.

Die Hausarztpraxis kann Ihnen bei der Begründung helfen. Je nach persönlicher Situation können auch Fachärzte wie Neurologen infrage kommen. Falls bereits regelmäßig ein Pflegedienst kommt, bitten Sie eine Pflegekraft darum, Ihnen bei der Formulierung zu helfen, denn die Profis können den Pflegebedarf besonders gut einschätzen und kennen die richtigen Begriffe, um die Bedarfe korrekt zu beschreiben.

Falls Sie Geld für Beratungen ausgeben oder sogar ein medizinisches Gutachten in Auftrag geben, müssen Sie das zunächst aus eigener Tasche bezahlen. Ist der Widerspruch erfolgreich, bekommen Sie die Kosten aber von der Pflegeversicherung erstattet.

Nicht alles ist als Grund für einen Widerspruch geeignet. Zulässige Gründe, die zu einer falschen Einschätzung und somit auch zu einem falschen Ergebnis führen können, sind etwa, dass die pflegebedürftige Person am Tag der Begutachtung ungewöhnlich fit und selbstständig war oder dass die Person ihren Bedarf an Unterstützung zu optimistisch dargestellt hat, beispielsweise aus Scham. Ein weiterer zulässiger Grund ist, wenn wichtige Aspekte im Gutachten nicht berücksichtigt wurden. Außerdem kann es passieren, dass der Pflegebedarf seit der Begutachtung noch einmal deutlich gestiegen ist. Wenn Sie einen dieser Gründe vermuten und nachweisen können, stehen Ihre Chancen gut, dass der Widerspruch Erfolg hat.

Nach dem Widerspruch

In der Regel dauert es nur wenige Wochen, bis Sie eine Antwort auf den Widerspruch erhalten. Theoretisch hat die Pflegeversicherung dafür aber bis zu drei Monate lang Zeit. Reagiert sie nicht innerhalb dieser Frist, können Sie beim Sozialgericht kostenlos eine Untätigkeitsklage einreichen. Das ist aber für gewöhnlich nicht notwendig.

REAKTION AUF WIDERSPRUCH. Üblicherweise schickt die Pflegeversicherung nach wenigen Wochen einen Brief und erkennt nach Aktenlage einen neuen Pflegegrad an oder schickt erneut einen Gutachter, der die Lage neu bewerten soll, oder lehnt den Widerspruch ab.

Wenn es zu einer erneuten Begutachtung kommt, dann läuft diese genauso ab wie die erste. Die pflegebedürftige Person muss ein weiteres Mal alle Fragen beantworten und zeigen, was sie kann. Es darf aber nicht noch einmal der gleiche Gutachter kommen, sondern eine andere Fachkraft muss die Zweitbegutachtung vornehmen. Mithilfe des zweiten Gutachtens fällt die Versicherung dann eine neue Entscheidung.

Wenn beim ersten Mal bestimmte Einschränkungen nicht berücksichtigt wurden, sprechen Sie diese Punkte bewusst an und besorgen Sie nach Möglichkeit entsprechende Nachweise. Falls Sie beim ersten

Besuch keine Notizen des Pflegealltags vorliegen hatten, machen Sie welche vor dem zweiten Besuch. Schriftliche Beschreibungen können Wunder bewirken. Falls der Pflegegrad zu niedrig ausgefallen ist, weil die pflegebedürftige Person sich beim ersten Mal als besonders tapfer und selbstständig dargestellt hat, obwohl sie in manchen Lebensbereichen deutlich mehr Hilfe braucht, dann besprechen Sie das ausführlich vor dem nächsten Besuch. Dieser Fehler sollte kein zweites Mal passieren.

Neue Entscheidung

Sind Sie mit der neuen Entscheidung – ob nach Aktenlage oder Zweitbegutachtung – zufrieden, müssen Sie nichts weiter tun. Die pflegebedürftige Person bekommt nun die gewünschten, höheren Leistungen rückwirkend ab dem ersten Antrag.

Kommt das zweite Gutachten oder die Prüfung nach Aktenlage zum gleichen Ergebnis wie beim ersten Mal, wird der Fall an einen Widerspruchsausschuss weitergeleitet. Dieser prüft dann die Entscheidung. Die Mitglieder sind sowohl Kassenvertreter als auch Gewerkschaftler und Patientenvertreter. Fällt die Entscheidung zu Ihren Gunsten aus, gibt es ebenfalls höhere Leistungen.

Wenn der Ausschuss die Einschätzung der Pflegeversicherung bestätigt, haben Sie die Möglichkeit, binnen eines Monats, Klage beim zuständigen Sozialgericht einzureichen. Die Klage und mögliche Gerichtskosten sind für die Kläger in aller Regel kostenfrei. Anwalt oder Anwältin muss hingegen aus eigener Tasche bezahlt werden. Hat die Klage Erfolg, bekommen Sie die Kosten von der Versicherung erstattet.

Andere Regeln für Privatversicherte

Das beschriebene Widerspruchsverfahren gilt ausschließlich für gesetzlich Versicherte. Gegen die Entscheidung einer Privatversicherung lässt sich kein Widerspruch einlegen.

Falls die pflegeversicherte Person privat versichert und mit der Entscheidung nicht einverstanden ist, können Sie gemeinsam versuchen, die Versicherung schriftlich umzustimmen. Beschreiben Sie, was Sie anders sehen und warum. Reichen Sie Nachweise ein. Oft ist dann eine zweite Begutachtung möglich.

Hat das keinen Erfolg, bleibt nur der Gang vor das Sozialgericht. Lassen Sie sich vorher beraten, wie die Chancen auf Erfolg stehen. Das ist zum Beispiel bei einem Honoraranwalt einer Verbraucherzentrale oder einem Sozialverband wie SoVD und VdK möglich. Für Mitglieder werden meist die Anwalts- und Prozesskosten übernommen.

03

Pflege lernen und Beratung in Anspruch nehmen

Der Familienrat: Alle helfen mit

Das deutsche Pflegesystem gehört zu den besten, aber auch kompliziertesten. Kurse und Beratungen bieten Unterstützung. In familiärer Runde lässt sich am besten klären, wer welche Hilfe übernehmen kann.

Pflege und Unterstützung für Partner, Partnerin oder Eltern wird oft über viele Jahre geleistet. Für die meisten ist das selbstverständlich und auch schön. Doch eine Pflegesituation ist auch fordernd, weil man sich in viele neue Regeln hineindenken und das eigene Leben neu strukturieren muss. Das kann auch überfordern, wenn Job, Haushalt, Pflege, eventuell die Versorgung eigener Kinder und weitere Aspekte des Lebens so viel Zeit und Kraft kosten, dass kaum noch Raum für Freizeit bleibt.

Damit pflegende Angehörige sich nicht übernehmen und dann selbst krank werden, ist es wichtig, die verschiedenen Unterstützungsaufgaben von Anfang an auf verschiedene Schultern zu verteilen.

Um den Pflegealltag so gut wie möglich zu koordinieren, sollten alle Helfenden an einem Strang ziehen. Und zwar in die gleiche Richtung. Bei der Planung hilft ein Familienrat, der nach Bedarf um Freunde und Nachbarn ergänzt werden kann. Treffen Sie sich mit allen, die irgendeine Form von Hilfe leisten können. Damit sind sowohl die konkrete Unterstützung im Alltag gemeint als auch Koordinierungsaufgaben, wie etwa die Übersicht, wann welche Verträge ablaufen und welche davon gekündigt werden sollten, weil sie nicht mehr gebraucht werden. Lassen Sie sich außerdem beraten, damit klar ist, welche professionelle und ehrenamtliche Unterstützung vor Ort möglich ist. Und, ganz wichtig: Nehmen Sie diese Hilfe auch an! Nicht nur die Pflegebedürftigen müssen das lernen, sondern ganz oft auch die Pflegenden.

Schwierige Themen lassen sich am besten gemeinsam vor Ort besprechen. Doch das ist nicht immer möglich, etwa wenn die Familie teils weit entfernt lebt oder zu sehr unterschiedlichen Zeiten arbeitet. Dann sind auch Hybrid-Varianten denkbar, bei denen sich ein Teil der Helfenden bei der pflegebedürftigen Person zu Hause trifft und weitere digital, etwa per Zoom, Teams oder Skype, hinzugeschaltet werden.

IN EINEM KREIS bespricht es sich meist am besten. Setzen Sie sich deshalb nicht an eine lange Tafel mit einem „Vorsitzenden", sondern versuchen Sie, im wahrsten Sinne einen Kreis zu bilden. Die digital Hinzugeschalteten können auf dem Laptop, Fernseher oder Tablet einen eigenen Platz in der Runde bekommen. So sind gleichberechtigte Gespräche möglich. Gespräche unter vier Augen lassen sich manchmal leichter bei einem Spaziergang führen.

Die Basis ist natürlich die Frage, welche Unterstützung die pflegebedürftige Person braucht. Bereits hier können sehr unterschiedliche Einschätzungen vorherrschen. Alle Beteiligten sollten sich um einen objektiven Blick bemühen und insbesondere diejenigen ernst nehmen, die bisher die meiste Hilfe „nebenbei" leisten. Weiter entfernt lebende Verwandte neigen manchmal dazu, den aktuellen Bedarf zu unterschätzen. Diese Gefahr ist besonders groß, wenn beispielsweise der Vater nicht so richtig zugeben will, dass er langsam immer mehr Unterstützung im Alltag braucht. Dass die Tochter regelmäßig hilft, ist zwar in Ordnung, aber als offiziell pflegebedürftig möchte er nicht gelten.

Potenzielle Zwickmühlen

Wenn manche oder alle der erwachsenen Kinder selbst Nachwuchs haben, geraten die Beteiligten schnell in eine Zwickmühle. Schließlich möchte man weder die eigenen Kinder noch die zunehmend hilfsbedürftigen Eltern vernachlässigen. Vor allem Frauen denken dann häufig darüber nach, ihre Berufstätigkeit vorübergehend oder komplett aufzugeben, um der Care-Arbeit in beiden Richtungen gerecht zu werden.

Das kann eine gute Variante sein, wenn alle Beteiligten das wirklich wollen. Dieser Schritt will aber gut überlegt sein. Finanziell ist es in aller Regel riskant, da die Pflegenden dann nicht nur während der Zeit der Pflege weniger verdienen, sondern auch weniger in die Rentenkasse einzahlen und somit ihr Leben lang finanzielle Einbußen durch dieses Engagement haben. Außerdem ist es je nach Alter und Beruf teils schwer, überhaupt wieder in den Job hineinzukommen, wenn man jahrelang ausgesetzt hat.

Die bessere Option ist es meist, die Arbeitszeit mithilfe von Pflegezeit-Regelungen (siehe Kapitel 4 „Pflege und Beruf vereinbaren" ab Seite 68) lediglich für einige Jahre zu reduzieren und einen Teil der Care-Arbeit auf andere Schultern zu verteilen. Oft ist das möglich, wenn alle Beteiligten wirklich offen nach Lösungen suchen und nicht „der übliche Weg" gewählt wird, bei dem die erwachsenen Töchter sich scheinbar selbstverständlich um Eltern und Schwiegereltern kümmern, sobald diese Hilfe brauchen.

Dafür ist es allerdings notwendig, dass sich mehrere Menschen engagieren, dass sich diese gut absprechen und dass möglicherweise auch Hilfe von außen angenommen und bezahlt wird. Für viele Familien ist das langfristig der bessere Weg, weil die Überlastung einer einzelnen Person vermieden wird und weil die Pflegebedürftigen auch meist von den unterschiedlichen Kontakten profitieren. Gute Planung ist dafür besonders wichtig, aber nicht immer unbedingt leicht.

Mit Konfliktpotenzial umgehen

Einen Familienrat einzuberufen und das weitere Vorgehen gemeinsam zu planen, birgt in vielen Familien ein gewisses Konfliktpotenzial. Nicht nur, dass die erwachsenen Kinder die Situation oft anders einschätzen als die Eltern. Teils sind sich auch die Geschwister untereinander nicht einig. Oder die Situation ist „unpraktisch".

Manchmal wohnt nur ein Kind in der Nähe und leistet schon länger immer wieder kleine Hilfstätigkeiten. Nicht selten fühlt sich diese Person von den Geschwistern im Stich gelassen. Spricht sie das an, fallen gerne mal Sätze wie: „Du kannst das ja viel besser als ich!" Oder: „Ich würde ja helfen, aber ich wohne nun mal so weit weg." Doch ein anderer Wohnort ist kein Grund, gar nicht zu helfen. Vieles lässt sich aufteilen und einiges auch aus der Ferne übernehmen. Das erfordert aber gute Absprachen.

Hin und wieder wirken die Eltern auf ihre erwachsenen Kinder auch sehr unterschiedlich. Nicht selten geben sie sich gegenüber dem Sohn eher stark und noch recht selbstständig, lassen Hilfe von der Tochter aber gerne zu. So bekommen beide einen unterschiedlichen Eindruck vom Unterstützungsbedarf. Auch hier helfen gemeinsame Gespräche, in denen offen und ehrlich über die tatsächlichen Bedarfe und das, was bereits geleistet wird, gesprochen werden kann.

In anderen Fällen passen aber auch die Wünsche und Vorstellungen der Eltern einfach nicht mit denen der erwachsenen Kinder zusammen. Entweder die Eltern erwarten selbstverständlich, dass die Töchter sich kümmern, obwohl das überhaupt nicht in deren Lebensentwurf hineinpasst. Oder die Eltern wollen keinesfalls Hilfe annehmen, obwohl sie kaum noch selbst klarkommen. Oder sie haben ganz bestimmte Vorstellungen, wie es laufen soll, die aber kaum jemand erfüllen kann. Wie auch immer die Lage ist: Um einen guten Plan zu schmieden, ist gute Kommunikation immer essenziell.

Aufteilung der Pflege – Ein Beispiel

Wenn nur eine Tochter in der gleichen Stadt wohnt, können die Geschwister trotzdem unterstützen, indem sie zum Beispiel bestimmte Organisationsaufgaben aus der Ferne übernehmen, Hilfsdienste bezahlen und eine Art privaten Lohnersatz überweisen. So kann die Tochter vor Ort Lohneinbußen und verpasste Rentenpunkte ausgleichen.

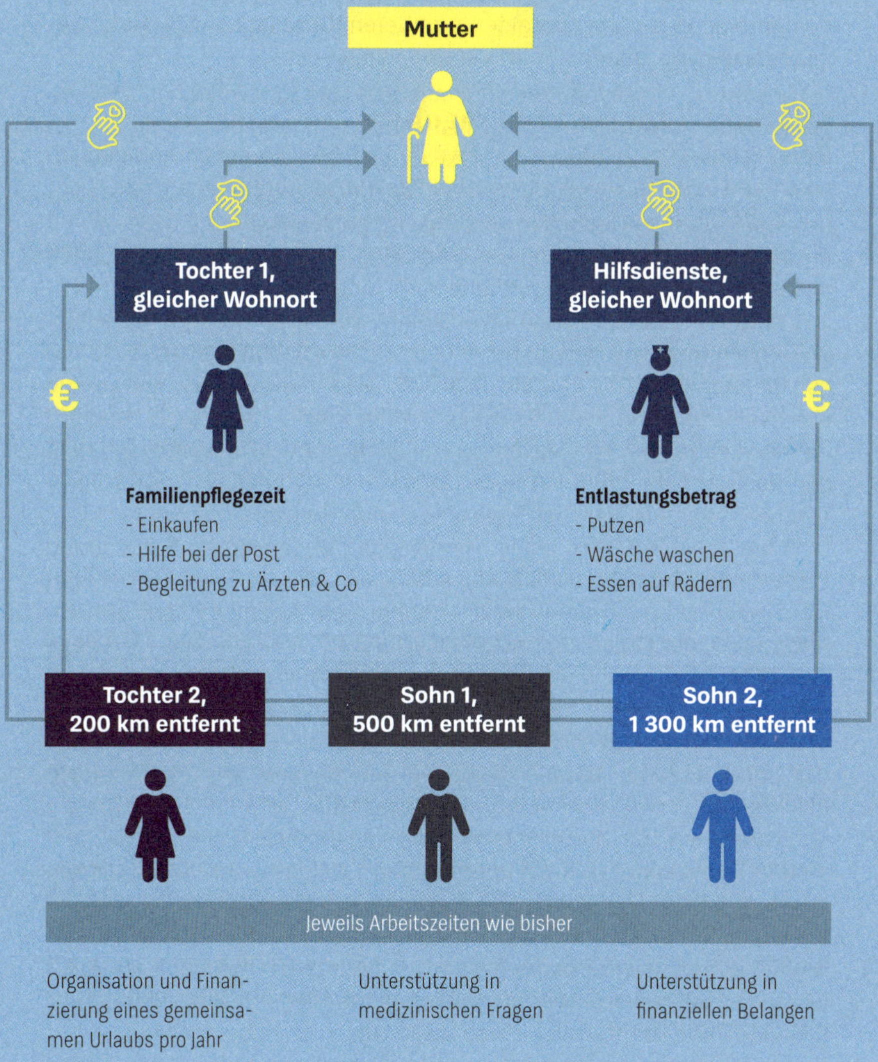

Wertschätzende Kommunikation

Um Konflikten vorzubeugen, ist es hilfreich, wenn sich alle bemühen, taktvoll miteinander umzugehen. Das ist nicht immer leicht, denn in vielen Familien hat man schon immer auf eine bestimmte Art miteinander kommuniziert. Manche sprechen grundsätzlich selten über Probleme oder Gefühle. Andere haben es aufgegeben, ihren Eltern die Meinung zu sagen, wenn sie nicht in deren Weltbild passt. Wieder andere sprechen immer sehr direkt miteinander, auch wenn das häufig zu lauten Auseinandersetzungen führt.

Im Kontext Pflege lohnt es sich in jedem Fall, konstruktiv über die eigenen Bedenken und Wünsche zu sprechen, einander dabei ausreden zu lassen und ernst zu nehmen. Es ist für alle ein schwieriges und sensibles Thema und das Gespräch wird einfacher, wenn man sich gegenseitig weder wichtige Gedanken verschweigt noch anschreit.

Um sinnvoll planen zu können, ist es klug, wenn sich alle Angehörigen und andere, die potenzielle Hilfe leisten können, vorab ein paar Gedanken über die eigenen Einschätzungen, Wünsche und Sorgen machen. Beim Treffen sollte jede Person reihum die Möglichkeit haben, die eigenen Überlegungen zu äußern. Dazu sollte es zwei Runden geben. Die erste sollte sich mit den Fakten beschäftigen, also: Welchen Hilfebedarf im Alltag sehe ich? Was davon könnte ich leisten? Wie würde ich gerne den Rest aufteilen? Bin ich bereit, einen Teil der Pflegekosten zu übernehmen? Wenn ja, welchen? Wo sind meine Grenzen?

In der zweiten Runde sollten persönliche Gedanken im Vordergrund stehen. Allen Beteiligten sollte klar sein, dass die Unterstützung der älter werdenden Eltern, Freunde oder Nachbarn ein gewisses Maß an Zeit, Kraft, Geld und Organisationstalent erfordert. Insbesondere die Pflege eines Menschen mit Demenz kann körperlich und seelisch sehr belastend sein und ist eine Aufgabe, die niemand allein übernehmen sollte. Machen Sie sich daher auch Gedanken über die emotionalen Aspekte der Unterstützung, etwa: Warum will ich pflegen? Aus Dankbarkeit, Pflichtgefühl, Erwartungshaltung, anderen Gründen? Wie fühlt sich die Vorstellung an, für diese Person jahrelang Unterstützung zu leisten? Welche Hilfen könnte ich gut übernehmen? Welche nicht? Warum? Wen oder was würde ich vernachlässigen, wenn ich diese Unterstützung leiste? Ist das für beide Seiten akzeptabel? Welche beruflichen Konsequenzen hat es? Ist es eingeplant, dass ich mir Auszeiten nehmen kann? Wie lange darf ich fehlen? Warum will ich nicht pflegen? Gibt oder gab es Konflikte? Wie könnten sich diese lösen lassen? Ist das gewollt?

Manche Erkenntnisse sind nur für den eigenen Kopf wichtig. Aber über entscheidende Dinge sollte im Familienrat gesprochen werden. Wichtig ist hierbei, dass niemand die Wünsche und Sorgen der anderen bewertet oder gar abwertet. Nehmen Sie die Gedanken der anderen ernst – egal, ob Sie sie nachempfinden können oder nicht. Vergangene Konflikte sollten nach Möglichkeit außen vor bleiben. Oft hilft der Gedanke, dass die anderen auch das Beste für die Eltern wollen.

Nach den beiden Gesprächsrunden versuchen Sie, darauf aufbauend, die nötige Pflege und Unterstützung zu planen. Wenn Sie die Person sind, die in der Familie das meiste organisiert, dann machen Sie – freundlich, aber bestimmt – klar, dass Sie den Pflegealltag nicht allein übernehmen werden. Verdeutlichen Sie, dass Sie nur langfristig Hilfe leisten können, wenn Sie sich selbst nicht übernehmen. Das Ziel sollte eine möglichst gerechte Aufteilung sein, bei der niemand überredet oder übergangen wird. Wie das aussehen kann, sehen Sie im Beispiel „Aufteilung der Pflege" auf der Seite 47.

Kostenpflichtige und ehrenamtliche Hilfsdienste können eine wertvolle Unterstützung sein. Gerade unbeliebte, aber notwendige Tätigkeiten wie Putzen oder Wäsche waschen lassen sich meist gut abgeben. Welche Dienste es in der Nähe gibt, was diese kosten und was die Pflegeversicherung mitfinanziert, erfahren Sie bei einer Beratung vor Ort. Details dazu folgen ab Seite 52.

Wenn die Eltern keine Hilfe wollen

Manchmal kommt es vor, dass sich eigentlich alle einig sind – bis auf die Pflegebedürftigen selbst. Vater oder Mutter oder beide Eltern stellen sich komplett quer, wollen von fremder Unterstützung oder gar der Einstufung in einen Pflegegrad nichts wissen. Nicht selten braucht auch nur ein Elternteil zunehmend mehr Unterstützung, aber der andere Part verweigert Hilfe und Pflege von außen. Das ist schwer zu ertragen. In solchen Fällen ist es meist am besten, wenn sich die Angehörigen zunächst allein treffen und die Möglichkeiten für das weitere Vorgehen besprechen.

Vielleicht können Geschwister gemeinsam herausfinden, welche Gründe es für den Widerstand gibt. Manches ist sehr persönlich. Anderes ist typisch für Menschen eines bestimmten Alters und kommt buchstäblich in den meisten Familien vor.

Beispielsweise lehnen viele Frauen, die in den 1930er- oder 1940er-Jahren geboren sind, jegliche Hilfe von außen ab, auch wenn sie – objektiv betrachtet – dringend notwendig wäre. Sie leisten teils heftigen

Widerstand. Oftmals ohne, dass sie diesen erklären können. Sehr häufig hängt das mit den Erlebnissen aus der Kindheit zusammen. Die Betroffenen sind während des Zweiten Weltkriegs damit aufgewachsen, dass die Frauen der Familie alles irgendwie schaffen mussten und haben als Mädchen schon dabei geholfen. Ihr Leben lang haben sie andere unterstützt. Wenn ihr Partner pflegebedürftig wird, wollen sie die Unterstützung daher selbstverständlich übernehmen. So kennen sie es. Und sie sehen es als ihre Aufgabe an. Als Frau allgemein. Und als Ehefrau im Besonderen. Diese Gedanken sind oftmals nicht bewusst, sondern tief im Selbstverständnis verankert. Die Vorstellung, die notwendige Hilfe nicht leisten zu dürfen oder zu können, greift dann das eigene Selbstverständnis an und drängt die gestandenen Frauen mitunter in eine Position der Hilflosigkeit zurück, die sie als Kind erlebt und als schrecklich empfunden haben.

Nicht nur Frauen dieser Generation, auch Männer aus den 1930er- und 1940er-Jahren haben oft ein ähnliches Päckchen zu tragen. Dabei ist es fast egal, ob sie die Gräuel des Kriegs gesehen haben oder nicht. Viele Männer dieser Generation eint die Erfahrung, dass es nicht selbstverständlich ist, dass sie leben dürfen, während viele ihrer Freunde sterben mussten. Viele beschäftigt dieser Gedanke ihr Leben lang. Manche mit dem Fokus Dankbarkeit, andere mit einem permanent schlechten Gewissen. „Warum habe ich überlebt?" Häufig arbeiten sie ihr Leben lang extrem hart. Auch dieses Selbstverständnis ist oft unbewusst. Aber das Ergebnis der Bemühungen wird mit eiserner Hand verteidigt. Die Männer wollen keine Eindringlinge in ihr Haus lassen und erst recht nicht in ein Pflegeheimzimmer umziehen. Und es wird auch nicht akzeptiert, dass die Ehefrau, die jahrelang alles im Griff hatte, plötzlich selbst hilfsbedürftig sein soll. Das darf einfach nicht sein.

Wenn Angehörige dann versuchen, die notwendige Hilfe von außen trotzdem zu organisieren, schüren sie tief sitzende Ängste. Sie drängen die Mutter in ein lähmendes Gefühl der Hilflosigkeit zurück. Sie machen sie erneut zum Kind, das übergangen wird, das Dinge mitansehen muss, das Verluste erlebt, für die es keinen Trost gibt. Und den Vater nötigen sie zum Kampf, da die wichtigsten Dinge seines Lebens – die Freiheit seiner Frau und sein hart erarbeitetes Heim – offenbar bedroht sind.

Eine solche Entwicklung sollten Sie unbedingt vermeiden. Oft ist das möglich, indem man sich gemeinsam hinsetzt oder spazieren geht, und über die Bedenken spricht. Dabei sollten keine vorwurfsvollen Fragen in Richtung „Warum willst du denn keine Hilfe? Du siehst doch, dass es nötig ist!?" gestellt werden. Sondern es ist sinnvoller, über die Gefühle dahinter zu sprechen und erst im nächsten Schritt zu überlegen, wo diese herkommen und wie man ihnen begegnen kann.

Wenn die Mutter partout keine Haushaltshilfe zulassen möchte, kann ein Gespräch dazu etwa so aussehen: Kannst du beschreiben, wie sich das anfühlt, wenn du dir vorstellst, dass eine Haushaltshilfe dein Badezimmer putzt? Gibt es andere Situationen, in denen du dich so ähnlich fühlst oder früher mal gefühlt hast? Geht es dir darum, dass du selbst einfach sehr gerne putzt? Oder möchtest du dieses Gefühl nicht haben? Was hilft dagegen? Kannst du dir vorstellen, dass wir einen Kompromiss finden, sodass du Unterstützung erhältst, dich aber gut damit fühlst?

Nicht immer sind solche Gespräche möglich. Oft aber schon. Manchmal braucht es auch mehrere Anläufe oder schlicht Zeit zum Nachdenken, um zu einer Lösung zu kommen, die allen guttut.

Hilfe in kleinen Schritten

Sind die Eltern nicht mehr gegen sämtliche Form von Hilfe, ist es oft möglich, kleinere Änderungen zumindest einmal auszutesten. Sie können zum Beispiel vorschlagen, dass Sie für zwei Termine eine Haushaltshilfe organisieren, während Sie im Sommerurlaub sind. Die Eltern können die Unterstützung dann unverbindlich testen (vielleicht bezahlen Sie die Hilfe fürs Erste auch aus Ihrer Tasche), und nach dem Urlaub müssen sie die Hilfe ja nicht behalten. Häufig stellen die Eltern dann fest, dass es gar nicht so schlimm war, dass eine fremde Person das Bad geputzt und die Wohnung gesaugt hat. Und nach dem Urlaub können Sie dann über reale Erfahrungen statt über diffuse Ängste sprechen: Was hat euch gut gefallen und was nicht? Was könntet ihr euch langfristig vorstellen? Was dürfte das kosten?

Oft sind Eltern dann auch Ihren Argumenten gegenüber deutlich aufgeschlossener, etwa wenn Sie sagen: „Ich komme gerne, um euch zu unterstützen und natürlich kann ich auch mal aufräumen, staubsaugen oder putzen. Aber schöner fänd ich es, wenn wir einfach Zeit miteinander verbringen würden, weil die Putzarbeit eine Hilfskraft erledigt hat."

Falls die Eltern sich immer unnützer fühlen, weil sie „nichts mehr allein schaffen", können Sie gemeinsam überlegen, was noch gut geht und wobei Mutter oder Vater Sie vielleicht doch noch unterstützen kann.

Kann Mama stricken? Vielleicht kann sie mal wieder Wollsocken oder einen Schal für Sie oder fürs Kind stricken? Oder backen? Demnächst steht ein Geburtstag an, für den Sie etwas vorbereiten müssen. Kann Papa zeichnen? Vielleicht kann er einige besondere Ausmalbilder fürs Kind gestalten? Seien Sie kreativ! Es gibt garantiert Aufgaben auf Ihrer

To-do-Liste, von denen Sie welche an die Eltern outsourcen können, wenn diese gerne eine Aufgabe hätten. Und solche Tätigkeiten, die jahrzehntelang zum Alltag gehörten, funktionieren auch oft im hohen Alter – trotz eingeschränkter Sicht oder Demenz – noch gut.

Wenn nichts davon hilft, kann das Team in Pflegestützpunkten manchmal noch wertvolle Tipps geben, weil sie viel Erfahrung haben und das Angebot vor Ort kennen. Auch die Hausarztpraxis oder eine Mediation kann hilfreich sein. Der gleiche Ratschlag wird manchmal akzeptiert, wenn nicht das erwachsene Kind, sondern der Herr Mediator oder die Frau Doktor ihn äußert. Mediatoren helfen, Konflikte in Familien zu lösen. Details und Ansprechpartner finden Sie unter bafm-mediation.de.

Wenn jemand sämtliche Hilfe und Ratschläge ablehnt, können Angehörige leider nur abwarten. Niemand kann gezwungen werden, Unterstützung anzunehmen. In solchen Fällen hilft es lediglich, die wichtigsten Nummern parat zu haben, falls sich die Lage ändert.

Beratung vor Ort

Sie haben Anspruch auf kostenfreie Pflegeberatungen. Die Berater können bei der Planung der Pflege und mit Anträgen helfen.

Wer pflegebedürftig ist, jemanden pflegt oder bald unterstützen wird, hat in Deutschland Anspruch auf kostenlose Pflegeberatungen. Diese werden von verschiedenen Akteuren angeboten, etwa staatlichen Pflegestützpunkten, städtischen Ämtern, Vereinen und Wohlfahrtsverbänden. Alle Beratungen müssen professionell, neutral und kostenfrei sein. Sie werden von den Pflegeversicherungen bezahlt.

Es gibt allgemeine und spezialisierte Beratungen für bestimmte Themenschwerpunkte. Wer was wo anbietet, können Sie nach Eingabe der Postleitzahl in der Datenbank des Zentrums für Qualität in der Pflege unter zqp.de/beratung-pflege herausfinden. Sie können auch nach Stichpunkten filtern, etwa Demenz. Alternativ oder zusätzlich können Sie auch nach einer freien Pflegeberatung suchen, zum Beispiel auf der Webseite bvpp.org/anbieter. Privatversicherte können sich auch unter compass-pflegeberatung.de informieren und die kostenlose Telefonberatung unter 0 800/1 01 88 00 nutzen.

ZWAR FINANZIEREN DIE PFLEGEKASSEN die Pflegeberatungen, aber diese sind keinen Versicherungen zugeordnet. Sie müssen sich nicht an eine bestimmte Beratung wenden, sondern dürfen frei wählen. Es muss auch nicht der nächstgelegene Anbieter sein. Allerdings ist es sinnvoll, einen Anbieter in der Nähe des zukünftigen Pflegeortes zu wählen, da die Berater die Situation in der Nähe kennen.

Welche Beratung für Sie sinnvoll ist, hängt von Ihrer Situation ab. Wenn spontan Pflege nach einem Schlaganfall nötig ist, braucht es andere Beratung, als wenn man sich aufgrund einer schleichend stärker werdenden Demenz über die Optionen in der Zukunft informieren möchte. Nach einer ersten Beratung benötigen Sie später vielleicht weitere Hilfe, wenn die Pflegesituation sich verändert oder Sie Fragen zu weiteren Anträgen haben. Immer dann, wenn es (neue) Fragen gibt, haben Sie erneut Anspruch auf eine kostenfreie und individuell passende Beratung.

Üblicherweise finden die Beratungen in der Beratungsstelle statt. Je nach Situation kann aber auch eine Beratung am Telefon oder bei der pflegebedürftigen Person zu Hause besser passen. Letzteres kann vor allem dann sinnvoll sein, wenn vermutlich Umbaumaßnahmen anstehen. Dann können Fragen dazu direkt vor Ort mitgeklärt werden. Was möglich ist, können Sie vorab telefonisch erfragen. Eine Übersicht, wer wozu wie berät, lesen Sie auf der nächsten Seite.

Beratung muss neutral und passend sein

Wenn man sich das erste Mal mit dem Thema Pflege auseinandersetzt, haben viele Betroffene ähnliche Fragen. Dazu gehören: Welche Hilfsmittel gibt es für unsere Situation, damit die betroffene Person weiterhin möglichst selbstständig leben kann? Was kosten diese, woher bekommen wir sie und wie lange dauert das? Wie und bei wem können wir dafür Zuschüsse beantragen? Brauchen wir dafür ein Attest oder andere Belege? Wer kann uns ansonsten im Alltag unterstützen? Welche Leistungen gibt es dafür von der Pflegeversicherung? Was müssen wir sonst noch wissen, um eine gute Pflege zu organisieren?

Je nach Situation gibt es gegebenenfalls weitere Fragen oder Sorgen, beispielsweise aufgrund bestimmter Erkrankungen. Bei spezialisierten Beratungen, etwa zum Thema Demenz, kann das entsprechend geschulte Personal auch bei diesen Themen fachkundig weiterhelfen. Haken Sie unbedingt nach, wenn Sie etwas nicht verstehen oder wenn Sie spezifische Fragen haben.

Beratungsmöglichkeiten bei Fragen zur Pflege

Anlaufstelle	Für wen?	Wer berät?	Themen	Ort
Gesetzliche Pflegekassen	Gesetzlich Pflegeversicherte und deren Angehörige.	Sozialversicherungsfachangestellte und Pflegefachkräfte.	Pflegeleistungen, Erleichterung des Alltags.	Beratungsstelle, Telefon, Hausbesuch möglich.
Private Krankenversicherer	Privat Krankenversicherte und deren Angehörige.	Sozialarbeiter, Gerontologinnen, Pflegefachkräfte.	Pflegeleistungen, Organisation des Alltags, Demenzberatung.	Telefon bei Compass Pflegeberatung, Hausbesuche möglich.
Pflegestützpunkte	Für jeden. Gesetzlich Versicherte haben aber Vorrang, Privatversicherte werden ggf. weiterverwiesen.	Unterschiedlich.	Pflegeleistungen, Organisation des Alltags.	Beratungsstelle, Telefon, Hausbesuch möglich.
Sozialer Dienst in Kliniken	Patienten und deren Angehörige.	Sozialarbeiter und Pflegekräfte der Klinik.	Unterstützung nach Klinikaufenthalt.	Am Klinikbett, in den Räumen des Dienstes.
Wohnberatungsstellen	Für jeden.	Architekten, Sozialpädagogen und andere mit einer Fortbildung im Bereich Wohnberatung.	Wohnformen im Alter, seniorengerechter Umbau, Fragen zu möglichem Umzug.	Zu Hause, Beratungsstelle.
Pflegetelefon des Familienministeriums	Für jeden.	Pflegefachkräfte und Psychologinnen.	Pflegeleistungen, Telefonseelsorge, Lotse zu Anbietern vor Ort.	Telefon unter 030/20179131.

Was die Beratung leisten kann

Die Pflegeberatung soll Pflegebedürftige und Angehörige in die Lage versetzen, eine individuelle Unterstützung zu organisieren, und klären, wie sich die am besten finanzieren lässt. Da sie neutral sein muss, dürfen die Beratenden keinen bestimmten Pflegedienst und kein bestimmtes Heim empfehlen. Sie dürfen aber Listen mit örtlichen Anbietern herausgeben. Auch allgemeine Tipps für eine gute Wahl sind gestattet.

Außerdem können Sie Hilfe bei Anträgen und Schriftstücke erklärt bekommen. Insbesondere wenn ein Brief der Pflegekasse, der Klinik oder der Hausarztpraxis nicht ganz verständlich ist, kann das eine große Hilfe sein. Bei Bedarf erstellen die Beratenden mit Ihnen zusammen einen Pflegeplan, in dem Sie festhalten können, wer wann welche Hilfe leistet und von wo welches Geld dafür kommt. Wenn nötig, können die Berater auch an Spezialisten verweisen, falls sie selbst nicht weiterwissen.

Sollte es in Ihrer Nähe keine adäquate Beratung geben, muss die Pflegeversicherung im Bedarfsfall dafür sorgen, dass Sie trotzdem die passende Beratung bekommen – auch wenn die Versorgungssituation vor Ort schlecht ist. Der gesetzliche Anspruch besagt, dass Pflegebedürftige und Angehörige innerhalb von zwei Wochen die Möglichkeit für eine passende Beratung bekommen müssen. Das kann bedeuten, dass Sie in eine weiter entfernte Stadt fahren müssen oder die Beratung nur telefonisch oder per Videostream stattfinden kann. Sie muss aber auf jeden Fall ermöglicht werden.

Zusätzlich zu staatlichen Pflegestützpunkten und Wohlfahrtsverbänden bilden sich in immer mehr Regionen auch ehrenamtliche Beratungen durch sogenannte Pflegebegleiter-Initiativen. Das ursprünglich in Hessen gestartete Projekt schult Interessierte in der Beratung von Pflegenden, sodass diese ebenfalls beraten können. Wenn sie nicht weiterwissen, können sie an professionelle Ansprechpartner verweisen. Weitere Informationen darüber finden Sie unter pflegebegleiter.de.

Wohnberatung

Wenn die Wohnung nur bedingt zur Pflege geeignet ist, weil Betroffene zum Beispiel kaum noch die Treppe hinauf- oder in die Badewanne hineinkommen, ist zusätzlich eine Wohnberatung sinnvoll. Speziell geschulte Berater kommen dafür zur pflegebedürftigen Person nach Hause, sehen sich genau um und machen Vorschläge, wie die Räume sicherer, lebenswerter und pflegegeeigneter gestaltet werden können. Dabei geht es nicht immer um komplizierte Umbauten. Auch kleine Veränderungen können eine große Hilfe sein.

Wohnberater wissen, wo ein Haltegriff sinnvoll ist und wo ein Teppich zur Gefahr wird. Sie können abschätzen, wo man was besorgen oder ausleihen kann, und was das kostet. Innerhalb einer oder zwei Stunden helfen sie dabei, einen objektiveren Blick auf die eigenen vier Wände zu bekommen, damit diese für alle Beteiligten praktischer werden können. Kontakte vermittelt die zuständige Stelle Ihres Bundeslandes, zu finden unter wohnungsanpassung-bag.de im Bereich „Beratungsangebote".

Änderungen bedeuten Umstellung. Und je älter jemand ist, desto schwerer fällt diese Umstellung meist. Trotzdem ist es häufig sinnvoll, Sicherheit und Komfort durch Veränderungen zu erhöhen. Entscheidend sind gute Kompromisse. Bei allem Sicherheitsdenken sollten die Bewohner sich selbstverständlich weiterhin in ihrem Zuhause wohlfühlen.

Pflege praktisch üben

Die Pflegeversicherungen finanzieren auch Kurse, um die Pflege praktisch zu lernen. So geht Unterstützung leichter von der Hand.

Wie sich Alltagsunterstützung leisten lässt, weiß fast jeder. Immerhin putzt, wäscht und kocht man auch regelmäßig für sich selbst. Doch wie helfe ich jemandem so aus dem Bett, dass ich mich damit nicht überlaste und dass es für die andere Person möglichst angenehm ist? Was muss ich beim Reinigen von Zahnersatz in einem fremden Mund bedenken? Wie kann ich eine pflegebedürftige Person so unterstützen, dass sie zwar die nötige Hilfe bekommt, aber die vorhandenen Fähigkeiten noch möglichst lange erhalten bleiben? Die Antwort auf diese Fragen heißt „aktivierende Pflege" und lässt sich kostenlos lernen.

MIT „AKTIVIERENDER PFLEGE" IST gemeint, dass Pflegebedürftigen möglichst genau die nötige Hilfe zuteil wird, um Defizite auszugleichen, aber selbst nach wie vor all das selbstständig erledigen dürfen, was sie noch können, um diese Fähigkeiten zu erhalten. Wenn beispielsweise das Haarekämmen klappt, aber deutlich länger dauert als früher, dürfen Betroffene das selbst machen und bekommen beispielsweise nur später die Haare frisiert.

Hilfreiche Techniken und konkrete Handgriffe können Sie in praktischen Pflegekursen üben. Auch theoretische pflegerelevante Informationen werden dort vermittelt. Wer möchte, kann sich auch mal an die Stelle der pflegebedürftigen Person begeben und sich beispielsweise von jemand anderem vom Bett in einen Rollstuhl befördern lassen. So können Sie unmittelbar am eigenen Leib erfahren, wie groß sich der Unterschied anfühlt, ob jemand einfach nur am Arm zieht oder eine bestimmte Technik anwendet.

Pflegekurse werden von den Pflegeversicherungen bezahlt und meist von Wohlfahrtsverbänden oder anderen Anbietern durchgeführt. Die Schulungen sind für alle Menschen offen. Ein Pflegegrad eines Angehörigen ist nicht nötig.

Allgemeine und spezielle Kurse

Es existieren zwei verschiedene Konzepte für Pflegekurse. Zum einen gibt es allgemeine Kurse, die sich vor allem für Menschen eignen, die sich zum ersten Mal mit dem Thema Pflegebedürftigkeit beschäftigen. Die Kurse finden in der Regel über mehrere Wochen an jeweils einem Abend in der Woche statt. Darin lernen Sie gemeinsam mit einer Kleingruppe von anderen Interessierten beispielsweise, wie sich alterstypische Entwicklungen im Alltag auswirken. Sie erfahren, welche Hilfsmittel es gibt und wie Sie diese optimal einsetzen, und Sie üben bestimmte Pflegehandgriffe, etwa wie Sie einen schlaffen Körper anheben oder umbetten, ohne Schaden zu nehmen oder zuzufügen.

Zum anderen gibt es auch spezielle Kurse, die sich auf eine bestimmte Erkrankung oder bestimmte Lebenssituationen beziehen. Diese dauern oft nur wenige Stunden, vielleicht einen Nachmittag und Abend am Wochenende. Typische Spezialkurse legen beispielsweise einen Fokus auf die Pflege bei Demenz, nach einer Hüft-OP oder bei bestimmten chronischen Erkrankungen wie Arthrose oder Multipler Sklerose. Viele Spezialkurse finden ebenfalls in Kleingruppen beim Anbieter statt. Es gibt aber auch Einzelschulungen bei Pflegebedürftigen zu Hause. In allen Kursen zeigt eine Pflegefachkraft, was Sie wissen und können sollten.

Was angeboten wird, hängt vom Wohnort ab. Fragen Sie am besten im Pflegestützpunkt oder bei Ihrer Pflegeversicherung nach, was es aktuell gibt. Falls Sie bereits jemanden versorgen und diese Person eine andere Pflegeversicherung hat als Sie, können Sie auch dort nachfragen. Eventuell bietet diese noch etwas anderes an. So oder so können Sie sich einen passenden Kurs aussuchen. Wenn Sie nach einiger Zeit einen Aufbau- oder Spezialkurs besuchen wollen, ist auch das möglich.

Unterstützung am Lebensende

Das uralte Wissen um eine würdige Sterbebegleitung ist mit der Industrialisierung immer stärker verloren gegangen. Der Blick auf das Lebensende löst daher in den meisten Menschen ein Gefühl großer Hilflosigkeit aus. Um Wissen und Mut zu gewinnen, können Interessierte einen sogenannten „Letzte Hilfe"-Kurs mitmachen. Erfahrene Hospiz- und Palliativ-Pflegekräfte erklären darin innerhalb von etwa vier Stunden, wie man einen sterbenden Menschen in seinen letzten Tagen und Stunden gut begleiten kann. Dazu gehören beispielsweise Antworten auf die Fragen: Wie läuft Sterben üblicherweise ab? Wie lassen sich typische Leiden wie Mundtrockenheit lindern? Wie kann der letzte Abschied gut gelingen?

Die Entwickler der Kurse betonen, dass es dabei keinesfalls um aktive Sterbehilfe geht: „Der Abschied vom Leben ist der schwerste, den die Lebensreise für einen Menschen bereithält. Deshalb braucht es, wie auf allen schweren Wegen, jemanden, der dem Sterbenden die Hand reicht. Wir möchten ermutigen, sich Sterbenden zuzuwenden. Denn Zuwendung ist das, was wir alle am Ende des Lebens am meisten brauchen."

Die Kurse sind kostenlos oder verlangen nur einen geringen Unkostenbeitrag. Weitere Informationen und Kontakte zu Kursanbietern in der Nähe finden Sie auf der Webseite letztehilfe.info/kurse/.

Geriatrische Reha

Menschen ab 70 erhalten spezialisierte Maßnahmen in der geriatrischen Rehabilitation. Diese helfen, dass sie mit verschiedenen Beschwerden im Alltag besser klarkommen.

Viele Menschen haben schon von einer Reha-Maßnahme gehört oder eine solche mitgemacht. Typischerweise handelt es sich um individuelle Maßnahmen, meist nach einer OP oder einem Unfall, um bestimmte Fähigkeiten wieder zu erlernen. Oft ist das Ziel bei Personen unter 69, die Arbeitsfähigkeit wiederherzustellen. Meist gibt es einen spezifischen Grund. Mediziner sprechen von einer „indikationsspezifischen" Reha.

Anders ist das bei der geriatrischen Reha. Sie ist für Menschen ab 70 Jahren vorgesehen. Ziel dieser Variante ist es, dass Senioren lernen, mit alterstypischen Beschwerden besser umzugehen und so selbstständig wie möglich ihren Alltag zu erledigen. Gerade zu Beginn einer Pflegesituation ist eine geriatrische Reha daher meist eine gute Sache. Dann liegen zwar schon Schwierigkeiten vor, die Betroffenen sind aber oft noch fit genug, um einen neuen Umgang damit erlernen zu können.

Verschiedene Behandler arbeiten zusammen

Der größte Vorteil einer geriatrischen Reha besteht darin, dass ein Team aus unterschiedlichen Disziplinen zusammenarbeitet, um die bestmögliche Kombination aus Therapien für jede Person zusammenzustellen. Dazu können Ärztinnen, Pflegekräfte, Psychologen, Physio-, Logo- und Ergotherapeutinnen sowie weitere Spezialisten gehören. Anhand einer umfassenden, gemeinsamen Diagnose wird ein individueller Maßnahmenplan für die mehrwöchige Reha erstellt. Das Team überprüft auch die Zusammenstellung der Medikamente, damit diese möglichst keine ungewünschten Wechselwirkungen haben, und übt mit den Pflegebedürftigen die Benutzung verschiedener Hilfsmittel ein, die ihnen den Alltag zu Hause erleichtern können.

Was genau geübt wird, hängt von den persönlichen Einschränkungen und Vorerkrankungen ab. Typisch im Alter ist beispielsweise eine sich schleichend verstärkende Inkontinenz. Viele Senioren wissen nicht, dass sie mit gezielten Übungen ihren Beckenboden trainieren können, um den Urin besser halten zu können. Das gilt für Frauen und Männer. Nach wenigen Wochen des Übens bemerken viele Senioren einen deutlichen Erfolg, was für die meisten eine erhebliche Steigerung der Lebensqualität darstellt. Ein weiteres häufiges Problem ist die abnehmende Muskelmasse, sodass Betroffene zunehmend wackliger auf den Beinen sind. Kommen Arthrose oder Rheuma hinzu, ist der Wille sich zu bewegen, aufgrund der Schmerzen noch geringer. Dabei würde gezielte Bewegung dagegen helfen. Auch das lässt sich üben, damit Betroffene wissen, welche Art der Bewegung hilft und welche schadet.

Weitere typische Einschränkungen im Alter sind eine zunehmend schlechte Sicht, ein eingeschränktes Hörvermögen, Schluckbeschwerden und erhöhter Blutdruck. Auch Demenz, Diabetes, Osteoporose, Parkinson und Über- oder Untergewicht sind häufig anzutreffen. Dagegen kann man zwar nicht mal eben etwas tun, aber der Umgang damit lässt sich üben. Insbesondere eine passende Ernährung, die Betroffene vor Ort erhalten, tut gut und bringt meist das ein oder andere neue Gericht in den Speiseplan ein, was idealerweise auch in den Alltag zu Hause übernommen wird.

MIT ZUNEHMENDEN EINSCHRÄNKUNGEN und Verlusten steigt das Risiko für eine Depression im Alter. Ältere Menschen sind zwei- bis dreimal so häufig von leichten Depressionen betroffen wie unter 70-Jährige. Sie werden aber häufig nicht bemerkt. Wenn vor oder während der Reha-Maßnahme eine (beginnende) Depression erkannt wird, kann auch dagegen eine Therapie begonnen und ambulant fortgeführt werden. Auch im hohen Alter sind Depressionen sehr gut heilbar. Weitere Informationen lesen Sie auf deutsche-depressionshilfe.de.

Die Krankenkasse zahlt

Eine geriatrische Reha wird von den Krankenkassen für über 70-Jährige bezahlt, wenn diese mehrere Beschwerden oder Erkrankungen haben, die den Alltag erschweren, aber durch passende Maßnahmen abgemildert werden können. Es muss eine realistische Prognose auf Besserung bestehen. Ob es sich um Altersbeschwerden, akute oder chronische Erkrankungen handelt, ist unerheblich. Ideal ist es, wenn durch die Reha auch der Pflegebedarf abgeschwächt oder hinausgezögert werden kann. Denn in Deutschland gilt der Grundsatz: Reha vor Pflege.

Ein Arzt oder eine Ärztin muss eine geriatrische Reha verordnen. Das ist in einer Praxis oder Klinik möglich. Die Ärzte müssen genau begründen, warum die Maßnahme medizinisch notwendig ist und welche Besserungschancen bestehen. Den entsprechenden Antrag samt Verordnung reichen Reha-Willige dann bei ihrer Krankenkasse ein. Seit Sommer 2022 muss die Kasse den Antrag nicht mehr prüfen und bewilligen, sondern die Verordnung ist ausreichend.

Ambulant, stationär oder mobil

In der Regel wird eine geriatrische Reha für 14 bis 21 Behandlungstage bewilligt. Häufig findet diese stationär und am Stück statt. Dafür fahren die Patienten einmalig zur Reha-Einrichtung und leben dort, bis die Maßnahmen abgeschlossen sind. Dabei besteht grundsätzlich Wahlfreiheit, jedoch gibt es manchmal Versorgungsverträge zwischen bestimmten Häusern und Krankenversicherern. Wenn keine Einrichtung mit Vertrag gewählt wird, sind möglicherweise höhere Zuzahlungen nötig.

Hin und wieder sind aber auch alle Behandler vor Ort und es ist eine ambulante Reha möglich, die sich dann über einen oder mehrere Monate strecken kann. Manchen Senioren ist eine ambulante Reha auch lieber, weil sie dafür ihr gewohntes Umfeld nicht verlassen müssen. Lebt noch ein Partner oder eine Partnerin zuhause, kann es schöner sein, nicht für mehrere Wochen wegziehen zu müssen. Der Nachteil ist, dass der Haushalt weitergeführt werden muss. Wer sich lieber voll auf die Reha konzentrieren möchte, aber nur eine ambulante Reha bewilligt bekommt, kann trotzdem freiwillig eine stationäre Reha mitmachen, wenn ein passender Platz frei ist. Die Differenz an Kosten muss dann aus eigener Tasche bezahlt werden.

Besteht nach der ursprünglich bewilligten Anzahl an Behandlungstagen noch weiterer Behandlungsbedarf, kann die Reha mit einem Verlängerungsantrag bei der Krankenkasse auf maximal 35 Tage insgesamt verlängert werden. Für die ersten 28 Tage müssen 10 Euro pro Tag zugezahlt werden. Wer direkt vor der Reha in einem Krankenhaus behandelt wurde, darf die Zuzahlungstage dort gegenrechnen. Nach zehn Tagen Klinik sind dann beispielsweise nur noch 18 Tage Reha-Zuzahlung nötig. Ansonsten übernimmt die Kasse sämtliche Kosten, also beispielsweise auch die Verpflegung in einer stationären Reha-Einrichtung oder die Fahrtkosten zu ambulanten Behandlungen.

In Ausnahmefällen ist auch eine mobile geriatrische Reha möglich. Das bedeutet, dass sämtliche Behandler zur Reha-fähigen Person nach Hause oder in die Pflegeeinrichtung kommen. Diese Variante wird aber nur gewählt, wenn weder ambulante noch stationäre Maßnahmen möglich sind, aber die Chancen auf Besserung durch eine geriatrische Reha sehr hoch sind.

EINE GERIATRISCHE REHABILITATION kann sowohl Pflegebedürftigen als auch Angehörigen die kommenden Jahre deutlich erleichtern. Wenn ein Pflegebedarf zum ersten Mal auftritt, mehrere Beschwerden vorliegen und die Altersgrenze von 70 Jahren erreicht ist, lohnt sich ein Antrag daher so gut wie immer.

Wenn Sie unsicher sind, ob eine geriatrische Reha in Ihrem Fall infrage kommen könnte, erkundigen Sie sich in der Hausarztpraxis oder beim Sozialen Dienst in der Klinik, welche Chancen das Fachpersonal sieht. Nur wenn die betroffene Person innerhalb der vergangenen vier Jahre bereits eine Reha-Maßnahme mitgemacht hat, besteht ein neuer Anspruch erst wieder, wenn volle vier Jahre seit der letzten Rehabilitation vorbei sind.

Mit Überforderung umgehen

Die Pflege eines Angehörigen kann sehr anstrengend sein – vor allem, wenn sie jahrelang dauert. Erkennen Sie Signale von Überlastung, um rechtzeitig gegenzusteuern.

Wer sich zu sehr aufopfert, geht irgendwann selbst daran zugrunde. In der Theorie weiß das wohl jeder, doch in der Praxis hilft dieses Wissen manchmal auch nicht weiter. Insbesondere Frauen, die mit Abstand die meiste Pflege- und Sorgearbeit sowohl für Kinder als auch für Eltern übernehmen, verlieren sich manchmal selbst vor lauter Arbeit aus dem Blick, weil einfach so viel zu tun und kein Land in Sicht ist.

Es gibt typische Stressfaktoren, die eine Überlastung begünstigen. So hat man beispielsweise keine Zeit mehr für Entspannung, Freundinnen und Hobbys. Man fühlt sich zunehmend überfordert, Job, Pflege und Alltag unter einen Hut zu bringen. Es kommt zu Hause häufig zu Konflikten. Man hat das Gefühl, permanent „Bereitschaftsdienst" zu haben. Man leidet unter Schlafmangel und dem Druck, alle wichtigen Leistungen rechtzeitig zu beantragen und zusätzlich sonstige Angelegenheiten zu regeln.

Anfangs merken Betroffene meist noch, dass gerade alles ganz schön viel ist. Sie versuchen, sich durchzubeißen, alles irgendwie zu schaffen und hoffen auf bessere Zeiten. Wenn diese nicht kommen, entsteht aber ein Teufelskreis. Langsam lassen die Kräfte der Pflegenden nach. Wenn sie versuchen, das durch vermehrten Einsatz und das Streichen eigener Hobbys auszugleichen, lässt es sich noch eine Weile länger durchhalten. Doch dadurch gehen zunehmend auch die letzten Kraftquellen verloren.

Anzeichen von Überlastung

Zusätzlich zur zunehmenden Überlastung fühlen Betroffene sich häufig auch im Stich gelassen. Der angestaute Frust entlädt sich dann mitunter dadurch, dass die pflegende Person fahrig und ungeduldig wird, häufiger Fehler macht, öfter mal laut wird oder ihr sogar die Hand ausrutscht.

Auch Körper und Geist reagieren auf eine permanente Überforderung. Folgende Signale sind keineswegs normal, sondern sollten als Weckruf aufgrund einer akuten Überlastung angesehen werden: Häufige Kopf-, Nacken-, Rücken- oder Gelenkschmerzen, Schlafstörungen, dauerhaft erhöhter Blutdruck oder starke Schwankungen des Blutdrucks, Magen-Darm-Beschwerden, Herz-Rhythmus-Störungen, häufige Infekte durch geschwächte Immunabwehr, ungewöhnlich geringer Appetit oder Heißhungerattacken, plötzlich auftretende Panik, lange Grübelphasen ohne Ergebnis, das Gefühl, immer hilfloser und „dünnhäutiger" zu werden, der Eindruck, niemandem gerecht werden zu können, zunehmende Vernachlässigung des eigenen Körpers, völlige Antriebslosigkeit in den seltenen Ruhephasen.

Viele Pflegende dürften zumindest einige dieser Anzeichen kennen. Insbesondere wenn sie zusätzlich noch kleine Kinder haben, ist eine Überlastung eher die Norm als die Ausnahme. Doch auch wer „nur" die eigenen Eltern oder Schwiegereltern pflegt, kommt häufig irgendwann an seine Grenzen oder ist längst darüber hinaus. Viele Pflegende akzeptieren, dass ihre eigenen Bedürfnisse gerade keinen Platz haben, weil sie diejenigen, die ihre Unterstützung brauchen, nicht im Stich lassen wollen. Das ist bis zu einem gewissen Grad auch verständlich.

Doch das Problem ist: Wenn dieser Zustand zu lange anhält, ist die Gefahr sehr groß, dass die überlasteten Pflegenden zusammenbrechen und dann für eine längere Zeit komplett ausfallen. Irgendwann streiken Körper und Geist – und dann geht gar nichts mehr.

Auszeiten sind essenziell

Gerade in stressigen Zeiten ist es wichtig, zwischendurch auch ein wenig Ruhe zu finden und neue Kraft zu schöpfen. Nur dann ist es möglich, weiterhin für die Familie da zu sein. Die entsprechenden Freiräume müssen Pflegende sich selbst aktiv schaffen.

Im Idealfall haben Sie den Pflegealltag von Anfang an so geplant, dass Sie an mindestens einem Tag in der Woche nicht arbeiten und auch keine Besorgungen für die pflegebedürftige Person erledigen müssen. Falls dieser eine Tag nie vorhanden war oder irgendwie im Alltagsstress verloren gegangen ist, versuchen Sie, ihn sich (wieder) zu beschaffen. Sie brauchen ein paar Stunden in der Woche, in der Sie etwas Schönes unternehmen und wieder neue Kraft tanken können! Nur dann können Sie auch den anstrengenden Alltag weiterhin schaffen.

Dafür muss irgendjemand Ihnen Arbeit abnehmen. Das können andere Angehörige, Freunde, Ehrenamtliche oder Profis sein. Überlegen Sie, was Sie gerne abgeben würden. Und entscheiden Sie dann – möglichst gemeinsam mit der pflegebedürftigen Person –, wer übernehmen kann.

Meist ist das leichter gesagt als getan. Je nachdem, welches Problem die bessere Verteilung erschwert, kann es verschiedene Lösungsstrategien geben. Behaupten die Geschwister, dass sie nichts übernehmen können, obwohl Sie das anders sehen? Dann werden Sie deutlich und betonen Sie, dass Sie bald gar nichts mehr machen können, wenn sich nicht auch die anderen engagieren. Und zwar bald und lang anhaltend.

Verweigert die pflegebedürftige Person „fremde" Hilfe? Gleiches Argument. Sie können gerne gemeinsam überlegen, was verändert wird. Aber dass sich etwas ändern muss, ist nicht Teil der Verhandlungsbasis.

Gibt es keine passenden Dienste in der Nähe oder sind Sie damit unzufrieden? Dann versuchen Sie, andere Wege zu gehen. Gibt es eine Kirchengemeinde, einen Sportverein, ein Seniorencafé oder Ähnliches? Verstehen Sie sich gut mit dem Bäcker oder der Friseurin? Hören Sie sich weitläufig um. Es gibt fast immer jemanden, der zumindest bei Alltagstätigkeiten helfen kann und möchte.

Sie brauchen einfach mal wieder Urlaub? Dann machen Sie welchen. In den allermeisten Fällen ist es möglich, die Pflege und Unterstützung für zwei bis drei Wochen in fremde Hände zu legen. Planen Sie eine konkrete Reise und organisieren Sie Hilfe von anderen Familienmitgliedern, Freunden, Nachbarn und Hilfsdiensten. Ab Pflegegrad 2 kann die pflegebedürftige Person diese Auszeit sogar von der Pflegeversicherung finanzieren lassen (siehe „Ersatzpflege" ab Seite 92). Buchen Sie den Urlaub fest und machen Sie das deutlich. Es soll niemand den Eindruck haben, dass Sie vielleicht doch da bleiben, wenn nicht alles perfekt läuft.

Alternativ könnten Sie gemeinsam verreisen. Es gibt Anbieter, die sich auf Urlaub mit Pflegebedürftigen spezialisiert haben und beispielsweise Reisen für Menschen im Rollstuhl, mit Demenz oder eingeschränkter Sehkraft ermöglichen. Vor Ort gibt es neben barrierefreien Unterkünften auch die passende Ausstattung, seien es Sauerstoffgeräte, eine Dialysemöglichkeit oder spezielle Wattrollstühle. Stichworte wie „Urlaub mit Pflege" oder „Pflegehotel" führen im Internet zu passenden Angeboten.

Der gemeinnützige Reiseveranstalter urlaub-und-pflege.de organisiert beispielsweise Einzel- oder Gruppenurlaube, mit mehr Entspannung oder mehr Action – je nach Wunsch. Die Unterkünfte sind auf verschiedene Bedürfnisse eingestellt. Es sind gemeinsame Ausflüge möglich, aber vor allem sind auch Auszeiten für die Pflegenden angedacht. Ehrenamtliche, Spender und die Aktion Mensch unterstützen den Verein, sodass die Reisen nicht so teuer sind wie vergleichbare Urlaube von kommerziellen Anbietern. Bei Bedarf gibt es einen Zuschuss des eigenen Fördervereins.

Wer lieber selbst planen will, dafür aber Unterstützung in Anspruch nehmen möchte, kann sich beispielsweise an den gemeinnützigen Verein reisemaulwurf.de wenden. Die Mitarbeiter hören sich am Telefon oder per Videocall Ihre Wünsche sowie den Pflegebedarf an und suchen Ihnen dann kostenlos mehrere Reisevorschläge heraus. Die Beratung ist unverbindlich und wird durch Spenden finanziert.

Mit Gleichgesinnten sprechen

Manchmal ist gar nicht die Arbeitsbelastung an sich zu viel, sondern der Umstand, dass man nie richtig darüber sprechen kann. Nichtpflegende können häufig kaum nachvollziehen, wie der Alltag von Pflegenden aussieht und sich anfühlt. Gleichzeitig fehlt vielen, die sich ausdauernd kümmern, die Kraft und die Lust, sich immer wieder neu erklären zu müssen.

Manche Pflegenden schämen sich auch dafür, wie Mutter oder Vater sich ab und zu verhalten. Gerade Angehörige von Demenzerkrankten leiden häufig darunter, dass der geliebte Mensch nicht nur immer hilfsbedürftiger wird, sondern sich auch sein Wesen verändert. In manchen Augenblicken sind die Erkrankten kaum wiederzuerkennen. Unvorhersehbare Stimmungsschwankungen können emotional sehr belasten.

Dann ist es hilfreich, mit anderen zu reden, die eine ähnliche Situation erleben oder durchlebt haben. In vielen Regionen gibt es mittlerweile Gruppen, in denen sich pflegende Angehörige austauschen und Tipps geben. Hier können sie auch mal ihre Wut herauslassen oder über die eigene Hilflosigkeit in manchen Momenten sprechen. Es tut gut, dass andere das verstehen, weil sie Ähnliches erlebt haben. Und manchmal hilft es auch, über unfreiwillig komische Situationen gemeinsam zu lachen, die man Nichtpflegenden nicht begreiflich machen könnte.

Entsprechende Gruppen sind häufig als Selbsthilfegruppen organisiert. Eine Übersicht, welche Gruppen es wo gibt und wie man sie kontaktieren kann, finden Sie in der Datenbank der Nationalen Kontakt- und Informationsstelle zur Anregung und Unterstützung von Selbsthilfegruppen unter nakos.de oder telefonisch unter 0 30/31 01 89 60.

Austausch im Internet

Wer keine Zeit für persönliche Treffen hat oder schriftliche Kommunikation angenehmer findet, kann sich übers Internet mit anderen Pflegenden austauschen. Teils gibt es geschützte Foren, sodass Sie erst nach der Registrierung Zugriff auf den privaten Bereich haben. Dieser ist im Internet nicht einsehbar, was manche Angehörigen sehr angenehm finden.

Es gibt aber auch öffentliche Gruppen, etwa auf Facebook, die offenen Austausch oder reines Lesen ermöglichen. So oder so können die Schreibenden zeit- und ortsunabhängig „reden" und sich helfen. Bekannte Foren sind zum Beispiel: elternpflege-forum.de; pflegendeange hoerige.org; wegweiser-demenz.de; young-carers.de.

Seit Kurzem gibt es außerdem die datengeschützte App in.kontakt für Android und iOS, die speziell für pflegende Angehörige entwickelt wurde, um eine bessere Vernetzung zu ermöglichen. Sie bietet sowohl offene Gruppenchats als auch die Möglichkeit, mit einer bestimmten Person zu schreiben. Geschlossene Runden, etwa für bestehende Selbsthilfegruppen, sind ebenfalls möglich.

Oft hilft der Austausch mit Gleichgesinnten, um sich einfach mal alles von der Seele zu reden oder zu schreiben und zu merken: Ich bin nicht allein! Es geht anderen ganz ähnlich. Vielleicht helfen Ihnen auch regelmäßige Gespräche bei einem Seelsorger weiter. Doch manchmal reicht das nicht. Wer zu viel schaffen muss, kann in ein Burn-out oder eine Depression geraten, woraus Betroffene nur schwer allein wieder herausfinden. Dann ist professionelle Hilfe gefragt. Je eher, desto besser.

Stationäre Vorsorgekur

Wenn Sie den Eindruck haben, dass die pflegerische Versorgung eines Angehörigen zunehmend an die Substanz geht, können Sie eine Kur beantragen. Ein Kuraufenthalt von mehreren Wochen kann Ihnen dabei helfen, die eigenen Reserven wieder aufzufüllen und Ihre Gesundheit langfristig zu erhalten. In einer passenden Klinik wird dafür ein individueller Plan erstellt, damit Sie wieder Energie tanken können. Dazu können Bewegungs-, Entspannungs- und Physiotherapie, Ernährungsberatung, psychosoziale Einzel- und Gruppengespräche gehören. Insbesondere wenn Sie merken, dass Sie die Pflege zwar noch leisten können, aber immer mehr oder häufiger unter beispielsweise Rückenschmerzen, Schlafstörungen, Magen-Darm-Beschwerden oder Erschöpfungszuständen leiden, ist eine Kur sinnvoll, bevor nichts mehr geht.

Einen Anspruch auf eine Vorsorgekur haben gesetzlich versicherte Pflegende, wenn sie deutlich machen können, dass sie aufgrund der Pflegetätigkeit gesundheitlich angeschlagen sind. Ziel ist es grundsätzlich, eine ernsthafte Erkrankung zu vermeiden, die sich durch körperliche oder seelische Symptome bereits ankündigt.

Um einen Antrag bei der Krankenkasse stellen zu können, müssen Sie sich zunächst von Ihrem Hausarzt oder Ihrer Hausärztin bescheinigen lassen, dass eine Vorsorgekur aus medizinischer Sicht sinnvoll ist. Mit dem passenden Formular können Sie dann den Antrag auf eine Vorsorgekur bei Ihrer Krankenkasse stellen. Antrag und ärztliche Bescheinigung werden vom Medizinischen Dienst geprüft. Sieht dieser den Anspruch bestätigt, schickt die Krankenkasse Ihnen die Genehmigung. Dann können Sie die Kur organisieren. Die Krankenkasse übernimmt die Kosten für Unterbringung, Verpflegung, Behandlungen und Kurmittel. Sie müssen lediglich einen Eigenanteil von 10 Euro pro Tag leisten.

Eine stationäre Vorsorgekur wird mittlerweile oft auch dann finanziert, wenn noch nicht alle ambulanten Mittel ausgeschöpft sind. Der Grund ist, dass diese meist besser wirkt. Es macht einen Unterschied, ob Pflegende ganz aus dem Alltag herauskommen oder ob sie zwischen den Pflegeeinsätzen noch eine Therapiestunde mitmachen. Sollte die Kasse den Antrag ablehnen, können Sie dagegen Widerspruch einlegen. Lassen Sie sich dafür im Bedarfsfall bei einem Sozialverband beraten.

Üblicherweise dauert eine stationäre Vorsorgekur drei Wochen. In dieser Zeit sind Sie krankgeschrieben. Die Pflege muss von anderen übernommen werden, etwa im Rahmen einer Kurzzeit- oder Verhinderungspflege. Falls Sie unsicher sind, ob eine Kur infrage kommt,können Sie sich kostenlos und individuell bei einem Müttergenesungswerk beraten lassen. Eine Beratungsstelle in Ihrer Nähe können Sie unter muettergenesungswerk.de/kur-fuer-mich/beratung suchen.

Psychologische Beratung

Wenn eine Kur nicht infrage kommt, wenn Sie immer wieder den Gedanken haben „Ich schaffe das alles nicht mehr!" oder es sogar schon mehrmals vorgekommen ist, dass Sie die Kontrolle über sich verloren haben, dann ist es spätestens Zeit, sich professionelle Hilfe zu suchen. Manche Psychotherapeuten sind auf schwierige Situationen im Pflegealltag spezialisiert. Sie können sich etwa unter 116117.de/de/psychotherapie.php eine Erstberatung vermitteln lassen. Eine Psychotherapie wird – wie alle anderen notwendigen Therapien – von den gesetzlichen Krankenkassen finanziert. Bei Privatversicherten kommt es auf den Vertrag an.

Binnen weniger Tage lässt sich eine psychologische Onlineberatung für Pflegende unter pflegen-und-leben.de nutzen. Auf dem unabhängigen und kostenfreien Portal finden Sie zum einen viele hilfreiche Informationen zu Anzeichen von Überlastung bei der Pflege und Strategien dagegen. Zum anderen können Sie sich, wenn Sie gesetzlich versichert sind, von den speziell geschulten Psychologinnen zu Ihrer Situation beraten lassen. Das geht wahlweise per Videochat oder schriftlich – auf Wunsch auch anonym, in jedem Fall datensicher und kostenfrei.

04

Pflege und Beruf vereinbaren

Im Job kürzertreten, um zu pflegen

Um pflegerisches Engagement zu unterstützen, gibt es einen gesetzlichen Anspruch auf eine Auszeit oder Teilzeit im Job.

Wer einen nahen Angehörigen pflegt, kann eine oder mehrere staatlich geförderte Auszeit-Varianten im Job nutzen. Die „kurzzeitige Arbeitsverhinderung", die bis zu zehn freie Tage für die Organisation einer neuen Pflegesituation ermöglicht, wurde bereits im ersten Kapitel ab Seite 8 vorgestellt. Um einen Teil der Pflege anschließend selbst zu übernehmen, ist aber deutlich mehr Zeit nötig. Die verschiedenen Optionen und Querfinanzierungsmöglichkeiten werden in diesem Kapitel vorgestellt.

Es gibt insgesamt drei Varianten an Auszeit und Teilzeit: Die Pflegezeit, die Familienpflegezeit und die Sterbebegleitung. Alle drei Varianten können miteinander kombiniert werden. Die ersten beiden sind dafür gedacht, einen Teil oder die komplette Pflege eines nahen Angehörigen in dessen Zuhause zu übernehmen. Die Sterbebegleitung hat nicht die Pflege als Fokus, sondern gemeinsame Zeit. Ob Sie diese im Zuhause, im Pflegeheim, im Krankenhaus oder im Hospiz verbringen, ist egal.

ALS NAHE ANGEHÖRIGE gelten laut Gesetz vergleichsweise viele Personen und zwar: Partnerin und Partner, egal, ob sie verheiratet sind, offiziell in Partnerschaft leben oder einfach zusammen wohnen, Geschwister und deren Partnerinnen und Partner, eigene Kinder, Adoptiv- und Pflegekinder sowie Enkelkinder, egal, ob von der pflegebedürftigen Person selbst oder von Partner oder Partnerin. Auch Eltern, Stiefeltern und Großeltern sind berechtigt, doch diese kommen in der Regel nur bei jungen Pflegebedürftigen infrage.

Mit den Pflegezeit-Optionen soll es leichter möglich sein, für eine gewisse Zeit im Job kürzerzutreten, um einen Angehörigen zu pflegen, und anschließend wieder zu den ursprünglichen Bedingungen weiterzuarbeiten. Dafür gelten allerdings einige Voraussetzungen:

Gesamtdauer der Pflegezeiten. Alle Pflegezeiten dürfen zwar miteinander kombiniert werden. Sie dürfen aber insgesamt maximal 24 Monate dauern.

Betriebsgröße ist maßgeblich. Ob ein gesetzlicher Anspruch besteht, ist abhängig von der Betriebsgröße. Anspruch auf alle Varianten haben ausschließlich Angestellte von Unternehmen mit mindestens 26 Mitarbeitenden.

Keine Unterbrechung. Die Pflegezeiten müssen unmittelbar aufeinanderfolgen. Eine zwischenzeitliche Rückkehr in den Job und später eine erneute Pflegezeit für die gleiche Person ist nicht gestattet! Einzige Ausnahme ist die Sterbebegleitung.

Sie müssen die Pflegezeiten außerdem mit einer gewissen Vorlauffrist ankündigen. So will der Gesetzgeber sicherstellen, dass Arbeitgeber für die Zeit der Abwesenheit der Pflegenden einen Ersatz einstellen können. Die kürzestmögliche Frist gilt für die Pflegezeit und beträgt zehn Tage. Das ist genau die maximal mögliche Länge der kurzzeitigen Arbeitsverhinderung. Wenn Sie also planen, eine Pflegezeit zu nutzen, sollten Sie diese zusammen mit der kurzzeitigen Arbeitsverhinderung ankündigen.

Während der Pflegezeiten genießen Sie vollen Kündigungsschutz und haben anschließend ein Rückkehrrecht auf Ihre alte oder eine gleichwertige Stelle mit der vorherigen Stundenzahl. Außerdem finanziert die Pflegeversicherung der pflegebedürftigen Person Ihnen zusätzliche Rentenpunkte, sofern Sie eine gewisse Mindeststundenzahl pflegen.

Pflegezeit

Im Rahmen der Pflegezeit können Sie bis zu sechs Monate lang im Job komplett aussetzen oder in Teilzeit arbeiten. Die Voraussetzungen für den Anspruch auf Pflegezeit sind: Sie arbeiten in einer Firma mit mindestens 16 Mitarbeitenden, wobei Azubis nicht zählen. Sie wollen einen nahen Angehörigen in einer Privatunterkunft pflegen. Diese Person hat einen Pflegegrad (oder bekommt ihn voraussichtlich bald).

Wenn zusätzlich zu Ihrer Pflege noch ein Pflegedienst oder weitere ehrenamtliche Helfer kommen, ist das kein Problem. Sie dürfen die Pflegezeit nur dann nicht nutzen, wenn die pflegebedürftige Person in einem Pflegeheim oder einer anderen Wohnform mit stationärer Pflege lebt.

Erfüllt Ihr Betrieb die Voraussetzungen der Mindestgröße, darf dieser Ihnen die Pflegezeit nicht verweigern. Sie müssen sie allerdings mindestens zehn Tage im Voraus ankündigen und in der Ankündigung ebenfalls angeben, wie lange und in welcher Form Sie die Pflegezeit nutzen wollen. Wollen Sie komplett aussetzen? Wollen Sie auf eine Teilzeitstelle reduzieren? Für welche Zeit bis zu maximal sechs Monaten wollen Sie in Pflegezeit gehen? All das muss im Ankündigungsschreiben stehen.

Sollte Ihr Angehöriger während der Pflegezeit in ein Pflegeheim umziehen oder sterben, steht Ihnen eine Übergangsfrist von vier Wochen zu. Anschließend müssen Sie wieder wie vorher arbeiten – es sei denn, es gibt anderslautende Betriebsvereinbarungen.

Während der Pflegezeit verdienen Sie nur so viel Geld, wie Sie arbeiten. Wenn Sie also von einer 40-Stunden-Stelle auf eine 20-Stunden-Stelle reduzieren, sinkt ihr Bruttogehalt um die Hälfte. Netto erhalten Sie vermutlich etwas mehr als die Hälfte, weil die Steuern dann anders berechnet werden. Wenn Sie eine Auszeit nehmen, erhalten Sie in dieser Zeit keinen Lohn vom Arbeitgeber.

Um den Lohnausfall abzufedern, haben Sie Anspruch auf ein zinsloses Darlehen vom Staat. Es wird in monatlichen Raten ausbezahlt und soll maximal die Hälfte des fehlenden Nettogehalts abdecken. Sobald die Pflegezeit beendet ist und Sie wieder auf der vorherigen Stundenzahl arbeiten, müssen Sie das Darlehen zurückzahlen. Wenn Sie also eine Pflegezeit von sechs Monaten machen, bekommen Sie in dieser Zeit jeden Monat einen Teil des Darlehens ausbezahlt, zahlen es anschließend in Raten zurück und sind sechs Monate nach Ende der Pflegezeit wieder schuldenfrei. In Härtefällen lassen sich die Rückzahlraten auch strecken oder nur teilweise zurückzahlen.

Um das Darlehen zu erhalten, müssen Sie einen Antrag beim Bundesamt für Familie und zivilgesellschaftliche Aufgaben (BAFzA) stellen. Musterformulare des Bundesfamilienministeriums dafür finden Sie auf wege-zur-pflege.de im Bereich „Servicematerial und Musterformulare". Bei Fragen hilft das Pflegetelefon des Ministeriums unter 030/20179131 weiter. Zusätzlich zum Antrag brauchen Sie die Pflegezeit-Vereinbarung zwischen Ihnen und dem Arbeitgeber, einen Nachweis über den Pflegegrad Ihres Angehörigen sowie eine Entgeltbescheinigung der vergangenen zwölf Monate.

Familienpflegezeit

Reichen sechs Monate nicht aus, können Sie im Anschluss oder statt der Pflegezeit auch die Familienpflegezeit nutzen. Darauf haben Sie einen Anspruch, sofern bei Ihrem Arbeitgeber mindestens 26 Personen (ohne Azubis) beschäftigt sind. Wie bereits erwähnt, dürfen sämtliche

Pflegezeiten im Überblick

Neben der kurzzeitigen Arbeitsverhinderung und der Möglichkeit des betrieblichen Sonderurlaubs haben Sie gegebenenfalls Anspruch darauf Ihre Arbeitszeit zu reduzieren, um mehr Zeit für die Pflege eines Angehörigen zu haben.

	Pflegezeit	Familienpflegezeit	Sterbebegleitung
Maximale Dauer	6 Monate	24 Monate	3 Monate
Betrieb	16+ Mitarbeitende	26+ Mitarbeitende	16+ Mitarbeitende
Ankündigung	10 Tage vorher	8 Wochen vorher. Nach Pflegezeit: 3 Monate vorher	10 Tage vorher
Zweck	Pflege zu Hause	Pflege zu Hause	Gemeinsame Zeit
Art	Teilzeit oder Auszeit	Teilzeit, Arbeitszeit im Schnitt mindestens 15 Stunden/Woche	Teilzeit oder Auszeit
Gehalt	Fortzahlung für geleistete Arbeit. Sonderregelungen für die Familienpflegezeit. Zusätzlich ist ein zinsloses Darlehen möglich.[1]		
Sozialversicherung [2]	Übliche Absicherung bei Verdienst über 538 €. Familienversicherung bzw. freiwillige Absicherung bei weniger Verdienst. Zuschüsse möglich.		
Gesetz	§§ 1; 4–8 PflegeZG	Familienpflegezeitgesetz	§§ 1; 4–8 PflegeZG

1) Weitere Informationen und den Antrag finden Sie unter wege-zur-pflege.de.
2) Sie können einen Zuschuss zur Kranken- und Pflegeversicherung erhalten, wenn Sie einen nahen Angehörigen mindestens 10 Stunden pro Woche an mindestens zwei Tagen versorgen und höchstens 30 Wochenstunden erwerbsmäßig arbeiten. Die Rentenversicherung wird komplett übernommen, wenn Sie einen Angehörigen voraussichtlich mindestens 60 Tage pro Jahr pflegen und dieser mindestens Pflegegrad 2 hat.

60 %

Im Jahr 2024 gaben deutschlandweit rund 60 Prozent der Befragten an, die Pflege von pflegebedürftigen Angehörigen entweder selbst zu übernehmen bzw. sich zu beteiligen oder aber es für sie zumindest in Frage käme. Besonders in den Gruppen, die bereits pflegebedürftige Angehörige hatten oder in der Zukunft erwarteten, war die entsprechende Bereitschaft noch einmal stärker ausgeprägt.

Pflegezeiten allerdings maximal 24 Monate umfassen. Wenn Sie also schon sechs Monate Pflegezeit in Anspruch genommen haben, um sich beispielsweise eine vollständige Auszeit vom Job zu ermöglichen, dann können Sie danach noch höchstens 18 Monate Familienpflegezeit nehmen. Wenn Sie eventuell später noch die Zeit zur Sterbebegleitung nutzen möchten, muss von den Gesamtmonaten noch etwas übrig sein. Die Familienpflegezeit müssen Sie acht Wochen im Voraus schriftlich beim Arbeitgeber ankündigen. Die gewünschte Dauer und Ausgestaltung muss dabei festgelegt werden. Wenn Sie vorher bereits die Pflegezeit genutzt haben, verlängert sich die Ankündigungsfrist auf drei Monate.

Die Familienpflegezeit ist ebenso wie die Pflegezeit dazu gedacht, einen nahen Angehörigen zu Hause zu versorgen. Allerdings ist hierbei keine vollständige Auszeit möglich. Mindestens 15 Wochenstunden müssen im Durchschnitt gearbeitet werden – unabhängig davon, ob vorher bereits eine Teilzeit- oder eine Vollzeitstelle vorlag. Das soll die Firmen vor Fachkräfteverlust und die Pflegenden vor Altersarmut schützen.

Wichtig ist die Formulierung „im Durchschnitt". Die Stundenanzahl müssen Sie nicht jede Woche erreichen. Da die Pflege mal mehr, mal weniger Zeit in Anspruch nimmt, ist diese Regelung bewusst flexibel gehalten. Vor allem für Jobs im Schichtdienst ist das relevant. Doch auch Personen mit Gleitzeit können sich flexibel mit Vorgesetzten, Kolleginnen und Kollegen absprechen, sofern Arbeit und Betrieb das zulassen.

Da die Familienpflegezeit über einen Zeitraum von bis zu zwei Jahren genutzt werden kann, gibt es eine besondere Gehaltsregelung: Sie erhalten auch für die Hälfte der reduzierten Stunden Ihren Lohn und müssen das später durch Arbeit ausgleichen. Zusätzlich ist – wie bei der Pflegezeit – ein zinsloses Darlehen vom BAFzA möglich.

Dazu ein Beispiel: Sie reduzieren Ihre Arbeitszeit für 12 Monate von 40 auf 20 Wochenstunden. Während dieser Zeit bekommen Sie ein Gehalt für 30 Wochenstunden. Die Differenz wird vom Staat an den Arbeitgeber überwiesen.

In den 12 Monaten nach der Familienpflegezeit arbeiten Sie wieder 40 Wochenstunden. Sie erhalten aber weiter nur ein Gehalt für 30 Wochenstunden. Der Arbeitgeber zahlt den Überschuss an den Staat zurück. Nach einem Jahr ist das Konto wieder ausgeglichen.

Früher verlangten manche Arbeitgeber den Abschluss einer Familienpflegezeit-Versicherung, die die Arbeitnehmer bezahlen mussten. Diese diente der Absicherung, falls die pflegende Person den Vorschuss nicht mehr ausgleichen kann, weil sie nicht mehr in den früheren Job zurückkehren kann oder will. Das ist aber nicht mehr üblich.

Quelle: DAK – Pflege-Report 2024

Regelungen für Beamte und kleine Firmen

Für Staatsbedienstete aller Art gelten – wie so oft – auch bei den Pflegezeiten eigene Regeln. Theoretisch sollten alle, also etwa Beamte, Soldaten und Richterinnen, bei der Pflege von Angehörigen den Angestellten in Deutschland gleichgestellt sein. De facto ist das aber nur bei Beamten des Bundes sowie in einzelnen Bundesländern sichergestellt, etwa in Nordrhein-Westfalen, Schleswig-Holstein und Thüringen. Dort können Staatsbedienstete auch das zinslose Darlehen des BAFzA zur Querfinanzierung nutzen. In anderen Bundesländern müssen Pflegewillige individuelle Lösungen mit ihrem Dienstherrn finden.

Gleiches gilt auch für Angestellte in kleinen Firmen. Wenn diese weniger als 16 Mitarbeitende haben, sind sie nicht an die gesetzlichen Regelungen gebunden. Trotzdem können Pflegezeiten möglich sein. Sie müssen sich allerdings über die Konditionen individuell einig werden. Ist Ihr Chef oder Ihre Chefin dazu bereit, können Sie einen entsprechenden Vertrag aufsetzen. Darin sollten dann neben den Konditionen auch unbedingt Regelungen zum Kündigungsschutz festgehalten werden.

Sterbebegleitung

Wenn jemand absehbar nur noch wenige Wochen zu leben hat, können nahe Angehörige die Pflegezeit zur Sterbebegleitung in Anspruch nehmen, um noch möglichst viel dieser Zeit gemeinsam zu verbringen. Sie können beispielsweise ein paar letzte Ausflüge zusammen machen, noch einmal ins Konzert gehen, die letzten Mahlzeiten in größerer Runde genießen, was auch immer Sie gerne möchten. Der Fokus liegt hier auf der gemeinsamen Zeit. Sie müssen keine Pflege leisten. Es ist egal, wo die pflegebedürftige Person lebt. Und auch ein Pflegegrad ist nicht erforderlich!

Die Sterbebegleitung kommt meist nach einer akuten Verschlechterung bei Demenz, einer Krebserkrankung oder einer anderen potenziell tödlichen Erkrankung infrage. Wie bei der normalen Pflegezeit haben Sie als nahe Angehörige darauf aber nur einen gesetzlichen Anspruch, wenn mindestens 16 Personen bei Ihrem Arbeitgeber tätig sind. Außerdem müssen Sie die Sterbebegleitung zehn Tage im Voraus ankündigen.

Ab Beginn der Sterbebegleitung können Sie bis zu drei Monate komplett aussetzen oder in Teilzeit arbeiten. Voraussetzung ist, dass noch entsprechend viel Zeit von Ihren insgesamt möglichen 24 Monaten Pflegezeit übrig ist. Wie bei der Pflegezeit bekommen Sie das Gehalt ausbezahlt, wofür Sie gearbeitet haben. Ein zinsloses Darlehen ist zusätzlich möglich.

Auch für die Sterbebegleitung gilt: Die zuvor genannten sind lediglich die Regelungen, die Ihnen gesetzlich zustehen. Selbstverständlich können Sie unabhängig davon beim Arbeitgeber fragen, ob er Ihnen entgegenkommt, weil sich der Zustand Ihrer Mutter oder Ihres Vaters beispielsweise spontan verschlechtert hat und Sie keine Urlaubstage mehr für die Begleitung in den letzten Tagen übrig haben. Wenn Sie sich auf eine individuelle Auszeit einigen, können Sie die Regelungen der Sterbebegleitungszeit als Richtlinien nehmen.

Zuschüsse zur Sozialversicherung

Pflegende leisten Enormes für die Gesellschaft und haben oft finanzielle Einbußen. In bestimmten Fällen zahlt der Staat aber Sozialbeiträge und gibt Extra-Rentenpunkte.

Bei allen Pflegezeit-Varianten kann sich Ihr Sozialversicherungsstatus ändern, wenn Sie weniger als die aktuelle Minijob-Grenze verdienen. Es ist wichtig, diese Grenze im Blick zu behalten, damit Sie nicht aus Versehen Ihre Absicherung in der Kranken- und Pflegeversicherung verlieren.

In Deutschland gilt folgende Regel: Sofern Sie mehr als die Minijob-Grenze verdienen, sind Sie versicherungspflichtig. Das heißt, Sie sind automatisch in der Kranken-, Pflege-, Renten- und Arbeitslosenversicherung abgesichert und Ihr Arbeitgeber zahlt seine und Ihre nötigen Abgaben dafür. Im Jahr 2024 liegt diese Grenze bei 538 Euro im Monat beziehungsweise 6 456 Euro pro Jahr. Sie ist abhängig vom Mindestlohn, der seit dem 1. Januar 2024 pro Stunde 12,41 Euro brutto beträgt. Im Jahr 2025 steigt er auf 12,82 Euro brutto pro Stunde und die Minijob-Grenze erhöht sich somit auf 556 Euro im Monat.

Wenn Sie in Ihren Pflegezeiten weiterhin mehr als die Minijob-Grenze verdienen, ändert sich versicherungstechnisch nichts. Sie bleiben so versichert wie bisher und Ihre Abgaben werden automatisch abgeführt. Teile davon können Sie sich mit der Einkommensteuererklärung eventuell wiederholen.

Verdienen Sie aber weniger als die Minijob-Grenze oder gar nichts, dann müssen Sie sich selbst um Ihre Absicherung kümmern. Wenn Sie verheiratet sind und Ihr Partner oder Ihre Partnerin gesetzlich versichert ist, können Sie die kostenlose Familienversicherung in der Kranken- und Pflegekasse beantragen. Haben Sie diese Möglichkeit nicht, müssen Sie sich „freiwillig versichern". Diese Formulierung ist recht irreführend, da die „freiwillige" Versicherung in diesem Fall verpflichtend ist. Ob Sie in die Rentenkasse und die Arbeitslosenversicherung einzahlen müssen oder dürfen, hängt vom Gehalt ab. Die jeweils nötigen Formulare erhalten Sie entweder online oder können sie telefonisch anfordern.

INFORMIEREN SIE DIE PFLEGEVERSICHERUNG, wenn Sie regelmäßig einen nahen Angehörigen pflegen. Damit stellen Sie sicher, dass Sie alle nötigen Unterlagen geschickt bekommen, um abgesichert zu sein – beispielsweise kostenlos gegen Unfälle. Besonders wichtig ist die Meldung auch, weil Sie dadurch zusätzliche Rentenpunkte sammeln können, sofern Sie eine Mindestzeit an Pflege leisten.

Die Beiträge für die genannten Sozialversicherungen werden unter bestimmten Umständen von der Pflegeversicherung der zu pflegenden Person übernommen. Entscheidend dafür ist, ob Sie regelmäßig für mindestens zehn Stunden an zwei Tagen pro Woche pflegen.

Kostenlos unfallversichert

Wer jemanden ehrenamtlich pflegt, ist kostenlos gesetzlich unfallversichert, sofern bestimmte Bedingungen erfüllt sind. Sie müssen einen oder mehrere nahe Angehörige mit mindestens Pflegegrad 2 in deren Zuhause oder einer anderen Wohnform mit ambulanter Pflege an mindestens zwei Tagen pro Woche für insgesamt mindestens zehn Stunden pro Woche im Durchschnitt pflegen. Sind diese Bedingungen erfüllt, sollten Sie sich als ehrenamtliche Pflegekraft bei der zuständigen Pflegeversicherung registrieren. Die pflegebedürftige Person sollte mit dem Pflegegutachten automatisch ein entsprechendes Formular zugeschickt bekommen haben. Füllen Sie es so bald wie möglich aus und schicken Sie es an die Pflegeversicherung zurück. Diese gibt die nötigen Informationen dann an die zuständige Unfallversicherung weiter.

Sollte Ihnen während der Pflegetätigkeit oder auf dem Weg etwas passieren, übernimmt die gesetzliche Unfallkasse alle nötigen Kosten für Behandlungen, Heilmittel, Fahrtkosten und Reha-Maßnahmen. Das gilt sowohl für klassische Unfälle als auch für Verletzungen oder sogar eine Berufskrankheit. Auch pflegebedingte Einkäufe sind mitversichert. Falls Sie also neue Inkontinenzmaterialien für die pflegebedürftige Person besorgen und dabei auf dem Eis ausrutschen und sich die Hand brechen, gilt das als Unfall im Rahmen Ihrer Pflegetätigkeit. Wichtig ist, dass Sie direkt nach dem Unfall oder der Verletzung dem Behandlungspersonal melden, dass dies während einer ehrenamtlichen Pflegetätigkeit passiert ist. Nur dann kann die Unfallkasse alles korrekt abrechnen.

Kranken- und Pflegekasse

Wer sich freiwillig in der Kranken- und Pflegekasse versichert, muss einen Beitrag in Abhängigkeit des eigenen Einkommens bezahlen. Wenn Sie sehr wenig oder gar nichts verdienen, zahlen Sie den Mindestbeitrag. Dieser wird jedes Jahr neu anhand bestimmter Sozialversicherungsrechengrößen festgelegt. Für das Jahr 2024 beträgt der Mindestbeitrag in der Krankenversicherung 175,57 Euro pro Monat.

Der Beitrag in der Pflegeversicherung ist abhängig vom Familienstatus und vom Bundesland. Eine kinderlose Person, die über 23 Jahre alt ist und in Nordrhein-Westfalen wohnt, bezahlt zum Beispiel einen Mindestbeitrag von 47,13 Euro pro Monat.

Zur Krankenversicherung können Sie Zuschüsse erhalten. Dafür müssen Sie die übliche Mindestzeit pro Woche pflegen und dürfen maximal 30 Wochenstunden im Durchschnitt erwerbstätig sein. Dann zahlt Ihnen die Pflegeversicherung der pflegebedürftigen Person einen Zuschuss zum Krankenkassenbeitrag – maximal in Höhe des Mindestbeitrags.

Privatversicherte

Auch zur privaten Krankenversicherung können Sie Zuschüsse erhalten. Haben Sie Ihre Arbeitsstunden für die Pflege reduziert und rutschen dadurch unter die Entgeltbemessungsgrenze (69 300 Euro brutto im Jahr 2024), können Sie sich von der Versicherungspflicht befreien lassen, um privat versichert zu bleiben. Das muss innerhalb von drei Monaten nach Beginn der Versicherungspflicht passieren.

Falls Sie durch eine Pflegezeit die Wahl bekommen, ob Sie sich privat oder gesetzlich versichern wollen, lassen Sie sich beraten, welche Variante langfristig die beste für Sie ist. In der zweiten Lebenshälfte ist die Privatversicherung grundsätzlich deutlich teurer als die gesetzliche. Wer Sonderleistungen nutzen möchte, kann diese oft auch mit einer privaten Zusatzversicherung erreichen und kommt dadurch insgesamt viel günstiger weg.

EINE PFLEGEZEIT IST eine der wenigen Möglichkeiten, um von der privaten in die gesetzliche Krankenversicherung zu wechseln, sofern Sie noch keine 55 Jahre alt sind. Wenn durch die Reduzierung der Arbeitszeit Ihr Einkommen unter die Entgeltbemessungsgrenze fällt, werden Sie versicherungspflichtig und können, sofern Sie sich nicht befreien lassen, eine gesetzliche Kranken- und Pflegekasse wählen. Steigen Arbeitszeit und Gehalt später wieder, können Sie entscheiden, ob Sie freiwillig gesetzlich versichert bleiben.

Gut zu wissen: Die Altersrückstellungen brauchen Sie in der gesetzlichen Kasse nicht. Wenn Sie bereits jahrelang privat versichert waren, dann wechseln und nicht wollen, dass Ihre persönlichen Rückstellungen verfallen, können Sie sie häufig noch nutzen, indem Sie beim gleichen Anbieter eine private Zusatzversicherung abschließen und beantragen, dass Ihre Altersrückstellungen für die Mitfinanzierung genutzt werden. Die private Zusatzversicherung ist dann besonders günstig.

Rentenversicherung

Je weniger Sie verdienen, desto weniger zahlen Sie in die gesetzliche Rentenkasse ein. Das kann bei jahrelanger Pflege zum Problem werden, weil dadurch Ihre späteren Rentenanwartschaften sinken. Sie können aber Extra-Rentenpunkte sammeln. Dafür müssen Sie die übliche Mindestzeit pro Woche pflegen und das für mindestens 60 Tage im Jahr tun. Außerdem dürfen Sie maximal 30 Wochenstunden im Durchschnitt erwerbstätig sein, weder vollverrentet sein noch die Regelaltersgrenze erreicht haben, und in Deutschland, der EU oder der Schweiz wohnen.

Sind alle diese Bedingungen erfüllt, gelten Sie als pflichtversichert in der Rentenkasse und erhalten Extrapunkte für Ihre Rente. Das bleibt übrigens auch so, wenn Sie für bis zu sechs Wochen in den Urlaub fahren und Ihre Pflegetätigkeit so lange unterbrechen. Oder wenn Ihr Angehöriger für bis zu vier Wochen im Krankenhaus behandelt werden muss.

Die Höhe der Extra-Rentenpunkte ist abhängig von der Art der Pflege und dem Pflegegrad (siehe Tabelle auf der nächsten Seite). Die Pflege-Rentenpunkte bekommen Sie zusätzlich zu Ihren Einzahlungen. Pro Jahr können Sie so zwischen knapp 6 und etwa 35 Euro monatliche Extrarente erhalten. Wenn Sie beispielsweise eine Person mit Pflegegrad 3 mitversorgen, zu der auch ein Pflegedienst kommt, erhalten Sie später etwa 12 Euro monatliches Rentenplus pro Jahr Pflege (Stand: 2024).

Tipp: Wenn Sie bereits eine Rente erhalten, kann es sich lohnen, diese

So steigt derzeit die Rente von Pflegenden

Der Gesetzgeber hat festgelegt, ehrenamtliches Engagement von Pflegenden bei der gesetzlichen Rente wie Erwerbsarbeit zu werten, wenn es einen gewissen Zeitaufwand übersteigt. Die Pflegeversicherung der pflegebedürftigen Person zahlt die Beiträge an die Rentenkasse.

Pflegetätigkeit für ein Jahr und Einstufung in …		Rentenplus/Monat	
		West (Euro)	Ost (Euro)
Pflegegrad 2	Pflegegeld	9	9
	Kombinationsleistungen	8	8
	Pflegesachleistungen	6	6
Pflegegrad 3	Pflegegeld	15	14
	Kombinationsleistungen	12	12
	Pflegesachleistungen	10	10
Pflegegrad 4	Pflegegeld	24	23
	Kombinationsleistungen	20	20
	Pflegesachleistungen	17	16
Pflegegrad 5	Pflegegeld	35	34
	Kombinationsleistungen	29	28
	Pflegesachleistungen	24	23

Quelle: Eigene Berechnung, Beträge gerundet,
Stand: Januar 2023

Die Rente von Durchschnittsverdienenden steigt nach derzeitigen Werten im Jahr um

37,60 €.

auf eine Teilrente zu reduzieren, um die Extra-Rentenpunkte durch die Pflege zu erhalten. Die werden nämlich nur gestrichen, wenn Sie vollverrentet sind. Aber bereits 99,9 Prozent werden als Teilrente anerkannt! Wenn Sie also Ihre Rentenauszahlung um 0,1 Prozent pro Monat reduzieren, haben Sie kaum finanzielle Einbußen, können aber noch Extrapunkte sammeln, die Sie dann lebenslang zusätzlich als Rente erhalten. Nach einem Jahr Pflege erhöht sich die Rentenauszahlung automatisch. Lassen Sie sich bei Bedarf dazu bei der Rentenkasse beraten. Das ist kostenlos möglich unter der Telefonnummer 0 800/10 00 48 00.

Ein weiterer Tipp gilt für Minijobber: Bleiben Sie in der Rentenkasse versichert! Sie können sich zwar von der Versicherungspflicht befreien lassen und dadurch ein paar Euro Abgaben im Monat sparen. Langfristig ist es aber meist geschickter, die Abgaben zu bezahlen, um später eine höhere Rente zu erhalten. Immerhin bekommen Sie diese im Idealfall viele Jahre lang. Außerdem profitieren Sie von verschiedenen Vorteilen, wenn Sie insgesamt länger in die Rentenkasse einzahlen. Für bestimmte Leistungen müssen nämlich jahrelange Wartezeiten erfüllt werden. Auch Reha-Leistungen sind nur möglich, wenn man innerhalb der zwei Jahre vor Nutzung einer Reha mindestens sechs Monate pflichtversichert war.

Arbeitslosenversicherung

Wenn Sie während der Pflegezeit nur noch wenig oder gar nicht mehr erwerbstätig sind, kann es gut sein, dass Sie auch nicht mehr gegen Arbeitslosigkeit abgesichert sind. Waren Sie allerdings unmittelbar vor der Pflegetätigkeit in der Arbeitslosenversicherung pflichtversichert, wie es beispielsweise bei Angestellten üblich ist, oder haben Sie Arbeitslosengeld I erhalten, dann gelten Sie auch weiterhin als pflichtversichert, wenn Sie einen nahen Angehörigen in dessen Zuhause oder einer anderen Wohnform mit ambulanter Pflege für mindestens zehn Stunden an mindestens zwei Tagen pro Woche im Durchschnitt pflegen. Unmittelbar bedeutet, dass nicht mehr als ein Monat zwischen der Versicherungspflicht und dem Beginn der Pflegetätigkeit vergangen sein darf.

Wenn diese Bedingungen erfüllt sind, können Sie einen Antrag bei der Pflegeversicherung der zu pflegenden Person stellen. Die Versicherung übernimmt dann die Beiträge für Ihre Absicherung gegen Arbeitslosigkeit während der Pflegetätigkeit. Kehren Sie anschließend in Ihren Job zurück, sind Sie wieder wie vorher abgesichert. Sollte eine Rückkehr aber nicht möglich sein, dann haben Sie nach der Pflegezeit Anspruch auf Arbeitslosengeld und Förderungsmaßnahmen.

05

Was zahlt die Pflegeversicherung?

Leistungen für die ambulante Pflege

Etwa 84 Prozent der Pflegebedürftigen leben zu Hause. Sie können bis zu zehn Leistungen miteinander kombinieren. Teils ist die Höhe abhängig vom Pflegegrad, teils pauschal.

Ein Pflegegrad ist die Grundvoraussetzung, um Leistungen von der Pflegeversicherung zu erhalten. Liegt er vor, können Pflegebedürftige oder bevollmächtigte Angehörige für sie die passenden Leistungen beantragen. Teils werden diese monatlich ausgezahlt, teils mit Anbietern direkt verrechnet. Je nach Pflegegrad sind monatliche Zuschüsse von mehreren Hundert bis hin zu mehreren Tausend Euro möglich. Außerdem gibt es jährliche Leistungen sowie Zuschüsse bei Bedarf, etwa zum Umbau des Badezimmers. Alle im Folgenden genannten Zahlen und Rechnungen beziehen sich auf die Leistungssätze im Jahr 2024. Ab 2025 gelten höhere Sätze. Diese finden Sie auf der Seite 92.

Entlastungsbetrag

Den Entlastungsbetrag können alle Pflegebedürftigen mit einem Pflegegrad nutzen. Er beträgt pauschal 125 Euro im Monat. Der Betrag wird allerdings nicht ausbezahlt, sondern die Pflegeversicherung erstattet tatsächlich anfallende Kosten.

Personen mit Pflegegrad 1 können den Entlastungsbetrag für viele Angebote nutzen, etwa Hilfen im Alltag, einen Pflegedienst oder Angebote der Tages- und Nachtpflege. Personen ab Pflegegrad 2 dürfen den Entlastungsbetrag ausschließlich für Alltagshilfen verwenden, denn sie profitieren von weiteren Zuschüssen für andere Angebote.

Grundsätzlich müssen Alltagshilfen zunächst aus eigener Tasche bezahlt werden. Anschließend kann die Rechnung bei der Pflegeversicherung eingereicht werden und der Betrag wird im Nachhinein erstattet. Manche Anbieter können auch direkt mit den Pflegekassen abrechnen. Für welche Angebote der Entlastungsbetrag eingesetzt werden darf, ist in den einzelnen Bundesländern leicht verschieden. Erkundigen Sie sich daher am besten vor einer Beauftragung, beispielsweise von einer Haushaltshilfe, ob die Pflegeversicherung genau diese Hilfe auch übernimmt.

DER ENTLASTUNGSBETRAG DARF GESPART werden. Wenn in einem Monat noch etwas von den 125 Euro übrig bleibt, darf der Restbetrag in den Folgemonaten verwendet werden. Das ist besonders praktisch, wenn eine schubweise auftretende Erkrankung wie Arthrose oder Multiple Sklerose nur gelegentlich Hilfe nötig macht, dann aber relativ viel. Die Entlastungsbeträge eines Jahres müssen lediglich bis Ende Juni des Folgejahres aufgebraucht werden.

Menschen, die mit Pflegegrad 1 in einem Pflegeheim oder einer anderen Einrichtung mit stationärer Pflege leben, können die 125 Euro auch als Zuschuss für die Heimkosten nutzen. In höheren Pflegegraden darf der Entlastungsbetrag ausschließlich ambulante Leistungen finanzieren.

Pflegehilfsmittel zum Verbrauch

Ebenfalls in allen Pflegegraden werden pauschal bis zu 40 Euro im Monat für Pflegehilfsmittel zum Verbrauch erstattet. Damit sind beispielsweise Inkontinenz-Einlagen, Einmalhandschuhe, Desinfektionsmittel oder Masken gemeint. Was die Pflegebedürftigen individuell brauchen, können sie sich selbst besorgen und dann die Kosten von der Pflegeversicherung erstatten lassen.

Alternativ zu dieser Variante gibt es mittlerweile verschiedene Anbieter, die sogenannte Pflegehilfsmittel-Boxen verschicken und direkt mit der Pflegeversicherung abrechnen. Die Boxen können individuell aus dem Sortiment bestückt werden und kommen monatlich automatisch per Post. Änderungen können bei Bedarf telefonisch oder im Internet vorgenommen werden. Bekannte Anbieter sind zum Beispiel curabox.de, pflegebox.de oder sanubi.de.

Pflegegeld

Ab Pflegegrad 2 gibt es nicht mehr nur Basisleistungen, sondern das volle Leistungsspektrum der Pflegeversicherung. Bis zum Pflegegrad 5 steigt dann die Höhe der möglichen Maximalbeträge pro Monat.

Pflegebedürftige ab Pflegegrad 2 müssen entscheiden, welche Hauptleistung sie nutzen wollen. Eine Variante ist das Pflegegeld. Es beträgt zwischen 332 und 946 Euro im Monat und wird an die Pflegebedürftigen ausbezahlt. Sie können das Geld an Angehörige und Ehrenamtliche weitergeben, wenn diese sich um die Versorgung kümmern. Es gilt als Aufwandsentschädigung für ehrenamtlich Pflegende.

Leistungen der Pflegekasse für die Pflege zu Hause

Für die Pflege zu Hause (ambulant) zahlt die Versicherung andere Zuschüsse als für die Versorgung in einem Pflegeheim (stationär). Je nach Pflegegrad können Pflegebedürftige die folgenden Maximalbeträge (Euro) für die ambulante Pflege erhalten und kombinieren.

Pflegegrad	1	2	3	4	5
Monatliche Hauptleistungen für ambulante Pflege					
Pflege durch Angehörige (Pflegegeld)	0	332	572	764	946
oder					
Profi-Pflege zu Hause (Pflegesachleistung)	*	760	1431	1778	2200
Monatliche Zusatzleistungen für ambulante Pflege					
Alltagshilfen (Entlastungsbetrag)	125	125	125	125	125
Pflegehilfsmittel zum Verbrauch	40	40	40	40	40
Extraleistung für Pflege-WGs	214	214	214	214	214
Tages- und Nachtpflege	*	689	1298	1612	1995
Jährliche Leistungen für ambulante Pflege					
Verhinderungspflege[1)]	0	1612	1612	1612	1612
Kurzzeitpflege[1)]	0	1773	1773	1773	1773
Entlastungsbudget ab 7/2025 (stattdessen)	0	3539	3539	3539	3539

1) bis 30.6.2025. Danach gibt es das Entlastungsbudget.

Leistungen bei Bedarf für ambulante Pflege					
Verbesserung des Wohnumfelds	4000	4000	4000	4000	4000
Gründung von Pflege-WGs	2500	2500	2500	2500	2500

*Anspruch nur über Entlastungsbetrag.

Pflegesachleistung

Die zweite Hauptleistung ist die Pflegesachleistung. Sie beträgt zwischen 760 und 2 200 Euro im Monat und wird an einen Pflegedienst ausbezahlt, wenn dieser einen Teil der Pflege übernimmt, etwa Hilfe bei der Körperpflege, beim An- und Ausziehen oder beim Essen und Trinken. Details lesen Sie im Abschnitt „Der Pflegedienst" ab Seite 100. Die Beträge sind deutlich höher als das Pflegegeld, da es sich hierbei nicht um eine Aufwandsentschädigung für ehrenamtliche Hilfe handelt, sondern um die Bezahlung von professionellen Pflegekräften.

Was genau der Pflegedienst leisten soll, wird individuell zwischen der pflegebedürftigen Person und dem Dienstleister in einem Vertrag festgelegt. Bei gesetzlich Versicherten rechnet der Dienst dann direkt mit der Pflegekasse ab. Privatversicherte bezahlen die Leistungen zunächst aus eigener Tasche und reichen die Rechnung dann bei ihrer Pflegeversicherung ein.

In aller Regel entspricht das, was der Pflegedienst leistet, nicht exakt dem Maximalbetrag des Pflegegrads. Ist der Dienst teurer als die Erstattung durch die Pflegeversicherung, müssen die Pflegebedürftigen den Rest aus eigener Tasche bezahlen. Bleibt etwas übrig, können sie sich den Restbetrag allerdings nicht einfach auszahlen lassen, sondern es ist eine etwas umständliche Berechnung nötig.

Um diese Berechnung zu verstehen, hilft es, sich vorzustellen, dass die Leistungen der Pflegeversicherung sich in verschiedenen magischen Kesseln befinden. Diese sind miteinander verbunden und reagieren darauf, woraus bereits etwas entnommen wurde. Konkret heißt das: Die Pflegeversicherung berechnet, welcher Prozentsatz der Pflegesachleistung im Monat beansprucht wurde. Wenn der Pflegedienst beispielsweise eine Person mit Pflegegrad 2 zu Hause versorgt und dafür 400 Euro pro Monat berechnet, wären das 53 Prozent von maximal möglichen 760 Euro im Monat. Es sind also noch 47 Prozent übrig. Diesen Anteil kann die pflegebedürftige Person sich dann vom Pflegegeldhöchstsatz des eigenen Pflegegrads auszahlen lassen, in diesem Fall also 156 Euro (47 Prozent von 332 Euro). Nutzt man eine solche Mischung aus Pflegegeld und Sachleistung, nennt sich das „Kombinationsleistung".

PFLEGEGELD UND SACHLEISTUNG gibt es grundsätzlich so, dass sie gemeinsam 100 Prozent ergeben. Alle anderen ambulanten Leistungen, also etwa Entlastungsbetrag oder Leistungen der Tages- und Nachtpflege, gibt es zusätzlich.

In Pflegegrad 2 sind bis zu 1798 Euro an regelmäßigen monatlichen Leistungen möglich. In Pflegegrad 5 sind es bis zu 4574 Euro. Jährliche Leistungen und Zuschüsse bei Bedarf gibt es on top.

In der Pflegesachleistung ist noch ein Bonus integriert: Wer möchte, kann bis zu 40 Prozent des monatlichen Maximalbetrags in Entlastungsbetrag umwandeln und somit mehr Alltagshilfen bezahlen. Das ist sinnvoll, wenn jemand nicht so viel professionelle Pflegeunterstützung, sondern mehr Hilfe im Haushalt, braucht. Manche Pflegedienste bieten zwar auch Hilfe im Haushalt an. Diese ist aber oft teurer als die gleiche Arbeit von anderen Diensten. Außerdem ist fraglich, ob die Arbeitskraft von ausgebildeten Pflegekräften wirklich für Putz- und Waschdienste verwendet werden sollte. Die Umwandlung ist auch schlauer, als das Pflegegeld dafür zu verwenden, da die Pflegesachleistung deutlich höher ist und man davon deshalb mehr Hilfe bezahlen kann. Wer also mehr Hilfe im Haushalt braucht, sollte einen Antrag auf Umwidmung von Sachleistung in Entlastungsbetrag bei der Pflegeversicherung stellen. In Pflegegrad 2 wären damit beispielsweise bis zu 304 Euro, also 40 Prozent von 760 Euro, zusätzlich für Alltagshilfen möglich.

Beispiel: Sachleistung optimal nutzen

Elsa Müller hat Pflegegrad 3. Sie kann daher bis zu 1431 Euro an Pflegesachleistung pro Monat nutzen. Ein Pflegedienst übernimmt einen Teil der Pflege und erhält dafür 700 Euro pro Monat. Das entspricht 49 Prozent der Maximalleistung. Wenn sie sich den Rest als Pflegegeld auszahlen lässt, was sie individuell verwenden kann, erhält sie 51 Prozent von 572 Euro, also 292 Euro aufs Konto. Insgesamt nutzt sie damit Leistungen in Höhe von 700 + 292 = 992 Euro im Monat.

Alternativ kann Elsa Müller einen Teil der übrigen Sachleistung in Entlastungsbetrag umwandeln, um davon etwa eine Haushaltshilfe und regelmäßige Gruppenaktionen bei einem Verein zu bezahlen. Wenn sie 40 Prozent der Sachleistung umwidmet, stehen ihr als zusätzlicher Entlastungsbetrag 572 Euro pro Monat zur Verfügung. Als Pflegegeld erhält sie die restlichen 11 Prozent, also 63 Euro. Sie kann dann insgesamt Leistungen in Höhe von 700 + 572 + 63 = 1335 Euro pro Monat nutzen.

Weitere ambulante Leistungen

Eine weitere monatliche Leistung ist der Zuschuss zur Tages- und Nachtpflege. Er wird auch manchmal als teilstationäre Leistung bezeichnet, ist aber ein Teil der ambulanten Hilfen. Dafür besucht eine pflegebedürftige Person für einige Stunden eine Pflegeeinrichtung und macht dort etwa Kurse mit oder übernachtet dort, lebt aber ansonsten zu Hause. Um die Pflege- und Unterstützungsleistungen in der Einrichtung zu finanzieren, können Pflegebedürftige ab Pflegegrad 2 zwischen 689 und 1995 Euro pro Monat extra erhalten. Was genau die Tages- und Nachtpflege bietet und für wen sie sich besonders lohnt, erklären wir Ihnen ab Seite 106.

Bewohnerinnen und Bewohner von Pflege-WGs erhalten einen weiteren Zuschuss von pauschal 214 Euro monatlich. In Pflege-WGs wohnen in der Regel drei bis maximal zwölf Personen zusammen und organisieren sich Pflege- und Hilfsleistungen als Gruppe. Somit kann eine 24-Stunden-Betreuung mit mehreren professionellen Hilfskräften ermöglicht werden, die dank der Gruppe auch bezahlbar ist. Manche Wohngemeinschaften mit ambulanter Pflege sind privat organisiert, die Mehrheit wird aber von professionellen Anbietern aufgebaut und koordiniert. Das Konzept gilt vor allem für Demenzerkrankte als sehr erfolgreich, da der Betreuungsschlüssel sehr gut ist und die Erkrankten vom Kontakt zu den anderen profitieren. Details dazu lesen Sie ab Seite 137.

Wenn die Hauptpflegeperson mal Urlaub braucht oder selbst krank wird, können Pflegebedürftige ein jährliches Extrabudget in Anspruch nehmen, um alternative Pflegepersonen zu bezahlen. Bis Mitte des Jahres 2025 ist dieses Budget noch in zwei Kategorien eingeteilt: Die Verhinderungspflege und die Kurzzeitpflege. Ab dem 1. Juli 2025 wird beides zu einem gemeinsamen Entlastungsbudget zusammengeführt, was das Beantragen für Betroffene deutlich vereinfacht.

Bis zum 30. Juni 2025 gilt: Wird ein Ersatz organisiert, der die Pflege im Zuhause der pflegebedürftigen Person übernehmen soll, kann dieser mit dem Budget der Verhinderungspflege bezahlt werden. Es können andere Ehrenamtliche oder Profis von einem Pflegedienst die Ersatzpflege leisten. Für bis zu sechs Wochen im Jahr werden maximal 1612 Euro Verhinderungspflege bezahlt. Zieht die pflegebedürftige Person stattdessen vorübergehend in ein Pflegeheim, werden die Pflegekosten dieser Zeit mit dem Budget der Kurzzeitpflege in Höhe von maximal 1773 Euro für höchstens acht Wochen übernommen. Beide Varianten können beliebig im Kalenderjahr verteilt und teils auch ineinander umgewidmet werden. Details lesen Sie ab Seite 92.

Zwei weitere Zuschüsse können Pflegebedürftige in allen Pflegegraden bei Bedarf erhalten. Das ist zum einen ein Zuschuss für altersgerechte Umbauten, etwa einen Badumbau. Für die „Verbesserung des Wohnumfelds", wie es offiziell heißt, zahlt die Pflegeversicherung einen einmaligen Zuschuss von bis zu 4000 Euro. Einmalig bedeutet in diesem

Fall, dass Umbauten bezuschusst werden, die aktuell notwendig sind, um die Pflege zu erleichtern oder überhaupt erst zu ermöglichen. Sind später weitere Umbauten nötig, weil die Lage sich deutlich verschlechtert hat, ist auch ein weiterer Zuschuss möglich.

Allein für diesen Zuschuss kann sich der Antrag auf einen Pflegegrad lohnen. Wichtig ist, dass Umbauwillige mit Pflegegrad zunächst einen Kostenvoranschlag bei der Pflegeversicherung einreichen und den Umbau genehmigen lassen, bevor die Handwerker starten. Staatliche Zuschüsse, etwa von der Kreditanstalt für Wiederaufbau (KfW), können zusätzlich genutzt werden. Details dazu lesen Sie auf Seite126.

Wenn Pflegebedürftige eine WG gründen wollen, können sie zum anderen für notwendige Umbauten einen separaten Zuschuss von bis zu 2500 Euro pro Person erhalten. Bis zu vier Personen dürfen sich für eine WG zusammentun und somit Vorhaben in Höhe von bis zu 10000 Euro mithilfe der Pflegeversicherung finanzieren. So kann eine Wohnung oder ein Haus für eine Pflege-WG passend umgerüstet werden.

Die letzte ambulante Leistung sind technische Hilfsmittel. Dazu zählen etwa Rollatoren, Rollstühle und Pflegebetten. Diese können Sie häufig kostenlos ausleihen. Voraussetzung ist eine medizinische Notwendigkeit, die beispielsweise der Hausarzt oder die -ärztin verschreiben kann oder die aus dem Pflegegutachten hervorgeht.

Alternativ können bestimmte Hilfsmittel auch gekauft und bezuschusst werden. Wird ein Zuschuss genehmigt, müssen Pflegebedürftige lediglich 10 Prozent der Kosten, maximal jedoch 25 Euro selbst bezahlen. Den Rest zahlt die Pflegeversicherung. Verschreibt Arzt oder Ärztin das Hilfsmittel aufgrund einer Erkrankung, übernimmt meist die Krankenversicherung die Kosten. Dann sind nur 10 Euro Zuzahlung nötig.

SIE MÜSSEN MAXIMAL 2 Prozent des jährlichen Bruttoeinkommens für Hilfsmittel und Medikamente zuzahlen. Gelangen Sie über Ihre individuelle Grenze, können Sie sich von der Zuzahlungspflicht befreien lassen. Heben Sie daher alle Quittungen auf, damit Sie die Kosten pro Kalenderjahr im Blick behalten. Für chronisch Kranke, wie etwa Diabetiker, gilt eine Grenze von nur 1 Prozent.

Welche Hilfsmittel die gesetzlichen Kassen übernehmen, steht im Hilfsmittelverzeichnis des GKV-Spitzenverbandes, zu finden im Internet unter hilfsmittel.gkv-spitzenverband.de. Die privaten Versicherer sind nicht an dieses Verzeichnis gebunden.

Leistungen der Pflegekasse für die stationäre Pflege

Für die Pflege in einem Pflegeheim (stationär) zahlt die Pflegekasse einen monatlichen Zuschuss. Dieser hängt vom Pflegegrad ab und deckt nur einen Teil der Kosten.

Pflegegrad	1	2	3	4	5
Zuschuss zu Pflegekosten (Leistungsbetrag)	*	770	1262	1775	2005
Hilfe für Menschen mit Behinderungen	0	266	266	266	266

*Anspruch nur über Entlastungsbetrag.
Beträge in Euro.

Zuschuss zu den Pflegekosten

Einen Teil der Pflegekosten in stationären Einrichtungen müssen Pflegebedürftige selbst bezahlen. Seit 2022 zahlt der Staat dafür einen Zuschuss je nach Wohndauer. Zeiten vor Januar 2022 zählen mit.

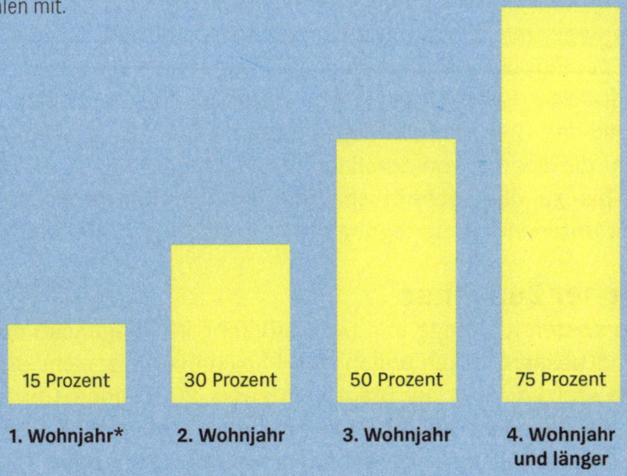

*Das Wohnjahr beginnt in dem Monat, in dem jemand ins Heim zieht.

Leistungen für die stationäre Pflege

Pflegebedürftige, die in einem Heim oder in einer anderen Wohnform mit integrierter Pflege leben, können die Leistungen für die stationäre Pflege nutzen. Zusätzlich gibt es einen staatlichen Zuschuss.

Etwa 16 Prozent der Pflegebedürftigen in Deutschland leben in einem Pflegeheim oder einer anderen Wohnform mit integrierter Pflege, wie einer stationären Hausgemeinschaft. Diese dürfen die ambulanten Leistungen nicht nutzen, sondern erhalten den sogenannten Leistungsbetrag, um die Pflegekosten mitzufinanzieren. Außerdem wird ein staatlicher Zuschuss in Abhängigkeit von der Wohndauer bezahlt. Personen mit einer anerkannten Behinderung erhalten zusätzlich einen monatlichen Extrazuschuss, um besondere Bedarfe bezahlen zu können.

Leistungsbetrag

Der sogenannte Leistungsbetrag ist die Hauptleistung für Pflegeheimbewohner mit Pflegegrad 2 bis 5. Sie erhalten einen Zuschuss zu den Pflegekosten in Abhängigkeit vom Pflegegrad zwischen 770 und 2005 Euro. Dieser wird direkt ans Pflegeheim ausbezahlt.

In aller Regel reicht dieser Zuschuss aber nicht aus, um die Pflegekosten in der Einrichtung zu decken. Den Rest der Pflegekosten müssen Pflegebedürftige aus eigener Tasche bezahlen. Im deutschen Durchschnitt sind das 1245 Euro im Monat (Stand: Juli 2023). Je nach Bundesland reicht die Spanne von durchschnittlich knapp 1100 Euro in Niedersachsen bis zu durchschnittlich 1550 Euro in Baden-Württemberg. Kosten für Unterkunft, Verpflegung sowie Investitionen kommen hinzu.

Staatlicher Zuschuss

Damit die Kosten für Pflege und Unterstützung im Pflegeheim durch Inflation und bessere Bezahlungen des Pflegepersonals nicht ins Unermessliche steigen, zahlt der Staat seit Januar 2022 einen Zuschuss zu dem Teil der Pflegekosten, die Bewohner aus eigener Tasche bezahlen müssen. Dieser Zuschuss ist abhängig von der Wohndauer. Je länger jemand schon im Pflegeheim lebt, desto mehr von den Pflegekosten übernimmt der Staat (siehe Diagramm auf Seite 89). Im ersten Wohnjahr sind es 15 Prozent, ab dem vierten Wohnjahr 75 Prozent. Das Wohnjahr beginnt immer mit dem Monat, in dem die betroffene Person ins Heim gezogen ist. Monate vor Januar 2022 müssen mitberücksichtigt werden.

Hilfe für Menschen mit Behinderungen

Menschen mit einer anerkannten Behinderung bekommen einen weiteren Zuschuss, wenn sie in einer Einrichtung mit stationärer Pflege leben. Ab Pflegegrad 2 erhalten sie pauschal 266 Euro im Monat extra, um zusätzliche Hilfen zu finanzieren.

Neues durch die aktuelle Pflegereform

Seit Januar 2024 gelten einige Neuerungen im Pflegebereich. Alle schon gültigen sind in diesem Buch berücksichtigt, manche treten erst im Jahr 2025 in Kraft. Eine Übersicht.

Die Neuerungen aus dem Pflegeunterstützungs- und entlastungsgesetz (PUEG) treten schrittweise in Kraft. Einige gelten seit Januar 2024:

Höhere Leistungssätze. Die Höhe von Pflegegeld und -sachleistung wurde erstmals seit 2017 erhöht – um je 5 Prozent. Außerdem ist der Zuschuss zu Pflegekosten im Heim um 5 bis 10 Prozentpunkte gestiegen.

Gutachten liegt bei. Das Pflegegutachten wird automatisch mit dem Pflegegrad-Bescheid verschickt. Vorher mussten Pflegebedürftige es oft separat anfordern. Nun können sie die Einstufung direkt nachvollziehen.

Kurzzeitige Arbeitsverhinderung pro Jahr. Angehörige können die kurzzeitige Arbeitsverhinderung nun jedes Kalenderjahr ein Mal in Anspruch nehmen, wenn sich die Pflegesituation (erneut) verschlechtert. Früher war das üblicherweise nur ein Mal pro Pflegefall möglich.

Neue Leistungssätze ab 1. Januar 2025

Alle Leistungen steigen um 4,5 Prozent. Das bedeutet folgende Änderungen:

Leistung	Pflegegrad	Bis 2024	Ab 2025	Mehr pro Monat
Pflegegeld	2	332	347	15
	3	572	598	26
	4	764	798	34
	5	946	989	43
Sachleistung	2	760	794	34
	3	1431	1495	64
	4	1778	1858	80
	5	2200	2299	99
Entlastungsbetrag		125	131	6
Pflegehilfsmittel		40	42	2
Bonus Pflege-WGs		214	224	10
Tages-/Nachtpflege	2	689	720	31
	3	1298	1356	58
	4	1612	1685	73
	5	1995	2085	90
Leistungsbetrag	2	770	805	35
	3	1262	1319	57
	4	1775	1855	80
	5	2005	2095	90
Bonus Behinderung		266	278	12

Beträge in Euro.

Ab Januar 2025

Zum 1. Januar 2025 steigen sämtliche Leistungen um 4,5 Prozent. Je nach Pflegegrad kann das mehr als 200 Euro zusätzlich pro Monat bedeuten (siehe Tabelle auf der linken Seite).

Außerdem gilt ab dem Jahr 2025 eine regelmäßige Pflichterhöhung. Alle drei Jahre müssen die Leistungssätze in Abhängigkeit von der durchschnittlichen Inflationsrate der zurückliegenden drei Jahre erhöht werden. Das nächste Mal ist das 2028 der Fall.

Ab Juli 2025

Das neue Entlastungsbudget löst zum 1. Juli 2025 das bis dahin gültige System von Verhinderungs- und Kurzzeitpflege ab, wie es auf den folgenden Seiten beschrieben wird. Statt bisher maximal sechs sind dann außerdem bis zu acht Wochen Verhinderungspflege pro Jahr möglich. Wenn zuvor Pflegegeld bezogen wurde, wird dieses zur Hälfte während der gesamten Kurzzeit- oder Verhinderungspflegezeit weiter ausgezahlt.

Das Entlastungsbudget für Ersatzpflege

Es gibt zwei Varianten der Ersatzpflege: Bei der Verhinderungspflege kommt eine Ersatzpflegeperson zu Pflegebedürftigen nach Hause, für die Kurzzeitpflege ziehen sie vorübergehend in ein Pflegeheim.

Auch pflegende Angehörige werden mal krank oder brauchen Urlaub. Damit die Pflegebedürftigen in dieser Zeit einen Ersatz bezahlen können, gibt es die beiden Optionen der Verhinderungs- und der Kurzzeitpflege. Bis zum 30. Juni 2025 gilt für beide ein separates jährliches Budget in unterschiedlicher Höhe. Wer mehr von dem einen und weniger von dem anderen nutzen möchte, muss einen Umwidmungsantrag stellen. Ab 1. Juli 2025 fällt dieses Hin und Her weg. Dann haben Pflegebedürftige ein gemeinsames Entlastungsbudget, das sie flexibel für beide Varianten der Ersatzpflege einsetzen können.

Die Verhinderungspflege

Wenn Sie als pflegende Angehörige für eine Weile in den Urlaub fahren oder krank sind, können Sie eine Ersatzpflege organisieren, die für diese Zeit Ihre Aufgaben übernimmt. Das kann eine Privatperson oder eine gelernte Pflegekraft sein. Für deren Arbeit gibt es unterschiedlich viel Extrageld, das pro Jahr für die Ersatzpflege ausgegeben werden kann.

Um professionelle Ersatzpflege zu bezahlen, können Pflegebedürftige in den Pflegegraden 2 bis 5 bis zu 1612 Euro im Jahr erhalten. Das Geld kann auf maximal 42 volle Tage aufgeteilt werden. Hat die Hauptpflegeperson etwa einen Arzttermin und ist deshalb nur für wenige Stunden abwesend, kann die Ersatzpflege beansprucht werden, ohne dass die Zeit auf die 42 Tage angerechnet wird. Die Kosten werden üblicherweise direkt mit der Pflegekasse abgerechnet. Ausnahme: Privatversicherte.

Übernimmt jemand aus der Familie die Verhinderungspflege, gibt es weniger Geld. Das ist zumindest dann der Fall, wenn es sich um einen nahen Angehörigen handelt. In diesen Fällen ist der Betrag der Verhinderungspflege noch bis Juni 2025 an den Pflegegrad gekoppelt und beträgt pro Jahr maximal 474 Euro für Pflegegrad 2, 817,50 Euro für Pflegegrad 3, 1092 Euro für Pflegegrad 4, 1351,50 Euro für Pflegegrad 5. Das Geld können Sie auch im Nachhinein beantragen. Das ist bis zu vier Jahre lang möglich. Gibt es nachweislich höhere Ausgaben wie etwa Fahrtkosten, können Sie dafür Extrageld auf Antrag erhalten. Dafür ist ein Fahrtenbuch als Nachweis nötig.

Voraussetzung für die Verhinderungspflege ist, dass Betroffene seit mehr als sechs Monaten einen Pflegegrad haben. Außerdem kann sie erst ab Pflegegrad 2 genutzt werden. Wenn bereits mehrere Monate Pflegegrad 1 bestand und die pflegebedürftige Person auf mindestens Pflegegrad 2 hochgestuft wird, dürfen die Vorpflegezeiten zusammengerechnet werden. Ab Juli 2025 entfällt die Regelung zur Vorpflegezeit.

Damit die Verhinderungspflege genutzt werden kann, muss jemand „verhindert" sein. Dafür ist es hilfreich, wenn sich eine oder mehrere Hauptpflegepersonen bei der Pflegeversicherung als solche eintragen lassen. Das muss nicht bedeuten, dass diese zeitlich die Hauptarbeit übernehmen. Das darf auch ein Pflegedienst tun. Aber wenn klar ist, wer regelmäßig Aufgaben für die pflegebedürftige Person übernimmt, kann man deutlich leichter die Finanzierung eines Ersatzes beantragen.

Gut zu wissen: Das Verhinderungspflegebudget darf auf mehrere Personen aufgeteilt werden. Und selbst wenn die Versicherung fragt, warum die Verhinderungspflege notwendig ist, muss diese Frage nicht beantwortet werden. Sie können einfach „sonstige Gründe" angeben.

Kurzzeitpflege

Die zweite Variante der Ersatzpflege ist die Kurzzeitpflege. Dafür ziehen Pflegebedürftige für einige Tage oder Wochen in ein Pflegeheim und werden dort rund um die Uhr versorgt. Das ist in der Regel mit wenigen Tagen Vorlauf möglich und kann zum Beispiel sinnvoll sein, wenn eine Ersatzpflege zu Hause nur schwer zu organisieren ist, wenn es schnell gehen muss, wenn sich der Gesundheitszustand der pflegebedürftigen Person plötzlich verschlechtert, wenn Umbauten im Zuhause der pflegebedürftigen Person notwendig sind oder wenn Pflegebedürftige das Leben in einer Einrichtung mit stationärer Pflege testen wollen.

Angeboten werden Kurzzeitpflegeplätze von vielen Pflegeheimen. Manche Einrichtungen halten grundsätzlich eine bestimmte Anzahl an Kurzzeitpflegeplätzen bereit. Andere bieten nur in der Ferienzeit Extraplätze an. Manche Wohlfahrtsverbände und freie Träger haben auch Kurzzeitpflegeplätze an ihre Sozialstationen angegliedert.

In den Pflegefindern der Krankenkassen (siehe Seite 102) können Sie nach Kurzzeitpflegeplätzen in der Umgebung suchen. Auch Pflegestützpunkte können Anbieter nennen. Eine bundesweite Übersicht, wo aktuell wie viele Kapazitäten frei sind, gibt es leider nicht. Ein entsprechender Entwurf hat es nicht ins fertige Gesetz geschafft.

Wenn ein Platz frei ist, kann die Kurzzeitpflege recht spontan von einem Tag auf den anderen genutzt werden. Die pflegebedürftige Person bekommt ein Zimmer in der Einrichtung zur Verfügung gestellt und wird mit allem versorgt, was notwendig und abgesprochen ist. Sie wird für einige Tage oder Wochen Teil des Pflegeheimalltags.

Ein Anspruch auf die Mitfinanzierung der Kurzzeitpflege durch die Pflegeversicherung besteht für maximal acht Wochen im Kalenderjahr. Die Zeit darf aufgeteilt werden. Für diese Zeit stellt die Pflegeversicherung einen Zuschuss von maximal 1774 Euro im Jahr für Pflegebedürftige ab Pflegegrad 2 zur Verfügung. Ab Juli 2025 gilt das höhere Entlastungsbudget von bis zu 3539 Euro im Jahr.

Wichtig zu wissen: Die Pflegeversicherung bezuschusst nur die reinen Pflege- und Betreuungskosten während der Zeit der Kurzzeitpflege. Die Kosten, die in dieser Zeit für Unterkunft und Verpflegung anfallen sowie gegebenenfalls Investitionen, die von Pflegeheimen teils pauschal pro Monat erhoben werden, müssen Pflegebedürftige in allen Pflegegraden privat bezahlen.

Wie hoch diese ausfallen, ist von der Einrichtung abhängig. Im Bundesdurchschnitt verursacht ein Pflegeheimplatz etwa 1 245 Euro an privat zu zahlenden Kosten pro Monat. Je nach Region und Art der Einrichtung kann der Betrag auch niedriger oder deutlich höher sein. Manchmal müssen Kurzzeitpflegegäste auch etwas mehr pro Monat bezahlen als dauerhafte Bewohner, weil die vorübergehende Versorgung mit mehr Aufwand verbunden ist. Es lohnt sich daher, wie so oft, die genauen Kosten im Vorhinein zu vergleichen.

Ist eine Kurzzeitpflege nötig, aber der Gast kann den Eigenanteil weder aus Einnahmen noch aus Erspartem finanzieren, müssen Angehörige dafür in aller Regel nicht einspringen. Nur bei einem Einkommen von mehr als 100 000 Euro im Jahr werden Angehörige zur Finanzierung herangezogen. Ansonsten bezahlt das Sozialamt auf Antrag den Anteil der selbst zu tragenden Kosten, die die pflegebedürftige Person nicht bezahlen kann. Wo und wie das beantragt werden kann und welche Voraussetzungen dafür erfüllt sein müssen, lesen Sie im Abschnitt „Hilfe vom Staat" ab Seite 148.

Kurzzeitpflege ohne Pflegegrad

Die meisten Personen, die einen Kurzzeitpflegeplatz in Anspruch nehmen, haben bereits einen Pflegegrad. Doch das ist nicht zwingend Voraussetzung. Wenn Patienten nach einem Unfall, einer Operation oder einer Krankheit vorübergehend Pflege brauchen und niemand zu Hause diese Versorgung übernehmen kann, können Betroffene ebenfalls einen Kurzzeitpflegeplatz nutzen und bekommen diesen von ihrer Krankenversicherung bezuschusst. Die Versicherung geht dann davon aus, dass der Zustand der betroffenen Person sich während der Kurzzeitpflege wieder verbessert. Ist das nicht der Fall, kann auch im Laufe der Kurzzeitpflege eine Begutachtung stattfinden und ein Pflegegrad festgelegt werden. Ab dann übernimmt die Pflegeversicherung die Finanzierung.

Kurzzeitpflege optimal nutzen

Recherchieren Sie idealerweise schon dann nach möglichen Kurzzeitpflegeplätzen, wenn Sie noch nicht dringend einen brauchen. Legen Sie eine Top-3-Liste an und speichern Sie sich diese mit ungefähren Kosten und Telefonnummer gut auffindbar ab. So haben Sie die nötigen Informationen bei Bedarf schnell zur Hand.

Anbieter finden. Nach Kurzzeitpflegeplätzen können Sie in den Pflegefindern der Krankenkassen, etwa unter pflegelotse.de oder aok.de/pk/pflegenavigator, suchen. Alternativ können Sie sich im örtlichen Pflegestützpunkt oder beim Sozialen Dienst im Krankenhaus eine Liste aushändigen lassen.

Der Übergang zum gemeinsamen Entlastungsbudget

Ab 1. Juli 2025 steht Pflegebedürftigen ein gemeinsames Entlastungsbudget zur Verfügung, das sie flexibel für beide Varianten der Ersatzpflege einsetzen können. Das bringt organisatorische Erleichterung.

Bis 30. Juni 2025: Separate Verhinderungs- und Kurzzeitpflege

Verhinderungspflege

Dauer	42 Tage / 6 Wochen
Leistung	max. 1 612 Euro im Jahr
Umwidmung	Hälfte Kurzzeitpflegegeld
Vorpflegezeit	6 Monate
Sonstiges	Weniger Geld für angehörige Ersatzpflegende.

Kurzzeitpflege

Dauer	56 Tage / 8 Wochen
Leistung	max. 1 773 Euro im Jahr
Umwidmung	volles Verhinderungspflegegeld
Vorpflegezeit	keine
Sonstiges	Pflegegeld wird hälftig weitergezahlt.

Ab 1. Juli 2025: Gemeinsames Entlastungsbudget

Budget für flexible Nutzung von Verhinderungs- und Kurzzeitpflege

Dauer	insgesamt 56 Tage / 8 Wochen
Leistung	max. 3 539 Euro im Jahr
Umwidmung	entfällt
Vorpflegezeit	entfällt
Sonstiges	Pflegegeld wird in beiden Fällen hälftig weitergezahlt.

Stand: Januar 2024
Anmerkung: Für unter 25-jährige Pflegebedürftige mit Pflegegrad 4 oder 5 gilt ein gemeinsames Entlastungsbudget schon im Jahr 2024 – und zwar in Höhe von 3 386 Euro.

Wahl treffen. Sobald Sie einen Platz benötigen, informieren Sie sich, wo aktuell Kapazitäten frei sind und welche Angebote es genau gibt. Fragen Sie nach bestimmten Hilfen, wenn diese gebraucht werden. Die Optionen sind überall leicht verschieden. Achten Sie darauf, dass auf wichtige Wünsche eingegangen wird – auch wenn die pflegebedürftige Person nur für eine kurze Zeit bleibt.

Einblick erhalten. Wenn Pflegebedürftige in eine Einrichtung zur Kurzzeitpflege ziehen, können sie das Leben mit stationärer Pflege für eine gewisse Zeit testen. Danach haben die Pflegebedürftigen und auch die Angehörigen eine genauere Vorstellung davon, wie die Abläufe sind und was ihnen bei einem eventuell dauerhaften Umzug in ein Pflegeheim später wichtig wäre.

Ferien bedenken. In den Schulferien sind Kurzzeitpflegeplätze besonders begehrt, weil viele Pflegende mit Kindern dann in den Urlaub fahren. Wenn Sie absehen können, dass Sie in der Ferienzeit einen Platz brauchen, versuchen Sie nach Möglichkeit, vorher einen solchen zu reservieren. Alternativ ist es manchmal möglich, auf ein anderes Bundesland auszuweichen, wo gerade keine Ferien sind.

Dauer optimieren. Es besteht pro Kalenderjahr ein Anspruch von maximal acht Wochen, die beliebig aufgeteilt werden dürfen. Sofern die Kurzzeitpflege über den Jahreswechsel stattfinden soll, ist es möglich, auch eine längere Dauer zu nutzen, weil ab dem 1. Januar neu gezählt wird. Bis zu 16 Wochen Kurzzeitpflege sind dann theoretisch am Stück buchbar.

Als Übergang nutzen. Wenn jemand entschieden hat, dauerhaft in ein Pflegeheim zu ziehen und noch Anspruch auf Kurzzeitpflege besteht, lässt diese sich gut als Übergang nutzen. Beziehen Sie noch alle ambulanten Leistungen, die möglich sind, um diese auszuschöpfen, und wechseln Sie erst dann zu den stationären Leistungen. Das ist finanziell meist am geschicktesten.

Rechte kennen. Sollte nach einem Krankenhausaufenthalt der Bedarf für einen Kurzzeitpflegeplatz bestehen, aber keiner frei sein, muss das Krankenhaus eine Übergangspflege leisten. Das Recht darauf besteht für maximal zehn Tage.

06

Pflege zu Hause

Der Pflegedienst

Bei der Versorgung zu Hause können Pflegeprofis und Hilfskräfte eine enorme Unterstützung sein. Das verschafft Angehörigen mehr Zeit und entspannt somit die Lage.

Ein ambulanter Pflegedienst ist der Klassiker, um Angehörige bei der Pflege zu Hause zu unterstützen. Die Dienste werden meist von Wohlfahrtsverbänden oder kirchlichen Trägern wie Caritas oder Diakonie betrieben. Zunehmend sind auch private Anbieter am Markt vertreten. Jeder Pflegedienst beschäftigt Pflegekräfte mit unterschiedlichen Qualifikationen – von der spezialisierten Fachkraft mit jahrelanger Erfahrung bis zur Hilfskraft und Pflegekräften in Ausbildung. Sie leisten Verschiedenes von kleinen Handreichungen über klassische Körperpflege bis hin zu medizinischen Aufgaben wie Spritzen setzen und Verbände wechseln. Was davon wie oft geschieht, wird individuell vereinbart.

Zu Beginn kommt ein Pflegedienst oft nur ein- oder zweimal pro Woche für eine kurze Zeit. Die Pflegekraft legt dann beispielsweise die nötigen Medikamente bereit und achtet darauf, dass diese korrekt eingenommen werden, damit Erkrankungen sich nicht verschlechtern. Oder sie hilft beim Waschen, Fönen und Frisieren der Haare. Im weiteren Verlauf der Pflege kommen dann häufiger Pflegekräfte und übernehmen mehr Aufgaben. Teils ist sogar eine 24-Stunden-Versorgung möglich.

Leistungen eines Pflegedienstes

Jeder Pflegedienst bietet ein leicht unterschiedliches Leistungsspektrum an. Manche Leistungen sind aber ganz typisch. Die Körperpflege umfasst etwa Waschen, Duschen, Baden, Frisieren, Rasieren, Hautpflege, Toilettengang und Inkontinenzpflege. Im Bereich der Ernährung geht es um die Zubereitung von Mahlzeiten und Getränken, Zerkleinern und Anreichen der Speisen bis hin zum Füttern. In puncto Mobilität leistet der Pflegedienst Hilfe beim Aufstehen, Betten und Lagern, teils ist auch Begleitung, etwa zu Ärzten oder Ämtern inbegriffen.

Zusätzlich ist Behandlungspflege möglich. Diese muss ärztlich verordnet werden. Dazu gehört die Kontrolle von Blutzucker und Blutdruck, das Richten und Verabreichen von Medikamenten, das Spritzen von Insulin oder anderen Wirkstoffen sowie die Wundversorgung.

Manche Pflegedienste bieten Hilfsdienste, wie Einkaufen, Putzen, Wäsche waschen, aufhängen und bügeln, an. Diese Hilfe leisten sie aber nur für eine Person mit Pflegegrad, nicht für noch fitte Partner. Eine separate Haushaltshilfe ist meist praktischer und auch günstiger.

Einige Pflegedienste haben Weiteres im Angebot, beispielsweise Dienstleistungen wie einen Hausnotruf oder Menü-Bringdienst, Spezialpflege wie häusliche Beatmungs- oder Intensivpflege oder Betreuungsangebote, etwa die stundenweise Betreuung einer Person mit Demenz.

Geld für den Pflegedienst

Bis zu einer gewissen Höhe finanziert die Pflegeversicherung die Arbeit eines Pflegedienstes. Monatlich gibt es im Jahr 2024 maximal 760 Euro in Pflegegrad 2 bis hin zu maximal 2 200 Euro in Pflegegrad 5 (siehe auch Tabelle „Leistungen der Pflegekasse für die Pflege zu Hause", Seite 84). Personen mit Pflegegrad 1 können den Entlastungsbetrag in Höhe von 125 Euro für die Bezahlung des Pflegedienstes verwenden.

Üblicherweise wird die Arbeit, die der Pflegedienst in einem Monat geleistet hat, am Anfang des nächsten Monats abgerechnet. Bei gesetzlich Versicherten erfolgt die Abrechnung direkt mit der Pflegekasse. Wurde mehr erbracht, als die Kasse übernimmt, bekommen die Pflegebedürftigen eine Rechnung über die weiteren Kosten zugeschickt, die meist per Bankeinzug automatisch eingezogen wird. Privatversicherte müssen, wie sie es von Krankheitskosten auch gewohnt sind, zunächst die Rechnung aus eigener Tasche begleichen und können diese anschließend bei der Pflegeversicherung einreichen. Was der Dienst wie abrechnet, wird vorher in einem Pflegedienstvertrag festgelegt.

Individuelle Absprachen

Welche Arbeit genau gemacht wird, sprechen Pflegebedürftige beziehungsweise deren Angehörige mit dem Pflegedienst ab. Insbesondere medizinisch anspruchsvolle Aufgaben, wie das Wechseln von Verbänden, sollte möglichst von Pflegeprofis und nicht von Angehörigen übernommen werden. Aber auch das Waschen und insbesondere die Intimpflege ist häufig am besten bei einem Pflegedienst aufgehoben, wenn Betroffene das nicht mehr gut selbst erledigen können.

Vielen Menschen fällt es sehr schwer, sich von jemand anderem waschen zu lassen. Das ist sehr verständlich. Ist eine hygienische Körperpflege nicht mehr möglich, sollte es dennoch jemand anderes tun, um Wundscheuern und Erkrankungen zu vermeiden. Wenn dies ein Pflegeprofi übernehmen kann, fällt das vielen Betroffenen zumindest etwas leichter, da sie eine derartige Nähe auch von Urologe oder Frauenärztin, also einem medizinischen Profi, gewohnt sind. Die Hemmschwelle, eine Fachkraft insbesondere untenherum so nahe heranzulassen, ist daher meist niedriger, als wenn Sohn oder Tochter das übernehmen würden. Häufig sind auch die erwachsenen Kinder durchaus dankbar, wenn ein Profi die Körperpflege übernimmt.

Die Qualität des Pflegedienstes

Wer für sich oder einen nahen Angehörigen einen Pflegedienst organisiert, möchte sicher sein, dass die Pflegekraft gute Behandlung leistet – pflegerisch und menschlich. Eine erste Einschätzung für die Pflegequalität können die Bewertungen des MD sein.

Der Medizinische Dienst überprüft alle Pflegedienste in Deutschland regelmäßig anhand festgelegter Kriterien. Diese Qualitätskriterien haben die deutschen Pflegeversicherungen gemeinsam mit Pflegeverbänden, unabhängigen Sachverständigen und Interessenvertretern pflegebedürftiger Menschen festgelegt. Sie müssen verbindlich von den Pflegediensten eingehalten werden. Neben der Pflegequalität selbst zählen etwa auch Vorgaben zur personellen Ausstattung, Aus- und Weiterbildung der Beschäftigten sowie zur Pflegedokumentation und zum Krisenmanagement dazu. Außerdem prüft der MD die Abrechnungen.

Nach der Überprüfung vergibt er in verschiedenen Kriterien jeweils Einzelnoten und auch eine Gesamtbewertung analog zu Schulnoten. Eine 1 ist sehr gut, eine 5 ist mangelhaft. Dieses System wird allerdings gerade überarbeitet, weil die Pflegenoten umstritten sind. Perspektivisch soll für Pflegedienste ein ähnliches System gelten wie bereits für Pflegeheime. Dann soll es statt der Note einen Transparenzbericht mit Bewertungen in 20 Qualitätsaspekten für jeden Dienst geben.

Bis es so weit ist, arbeitet der MD weiter mit dem alten System und veröffentlicht die Ergebnisse. Nach Pflegediensten in der Nähe inklusive Bewertung können Sie in den Pflegefindern der Krankenkassen suchen, etwa unter pflegelotse.de (betrieben von TK, Barmer, DAK und weiteren Ersatzkassen); aok.de/pk/pflegenavigator (betrieben von den AOK); pflegefinder.bkk-dachverband.de (betrieben von den Betriebskrankenkassen); pflegeberatung.de/pflegesuche (betrieben von den privaten Krankenversicherern).

Geben Sie für die Suche Ihre Postleitzahl ein und wählen Sie „Pflegedienst" oder „ambulanter Dienst" aus beziehungsweise entfernen Sie den Haken bei „Pflegeheime". Um die Suchergebnisse zu konkretisieren, können Sie diese filtern, indem Sie individuelle Schwerpunkte anklicken.

Das kann beispielsweise bei einem speziellen Pflegebedarf sinnvoll sein oder wenn Sie auf der Suche nach Palliativpflege sind.

Nach der Suche werden Ihnen alle verfügbaren Pflegedienste in der Umgebung mit Adresse und MD-Bewertung angezeigt. Mit einem Klick erhalten Sie weitere Informationen über die Anbieter, teils inklusive Aufschlüsselung der Kosten für einzelne Maßnahmen. In jedem Fall können Sie sich die Gesamtbewertung und auch die Einzelnoten der Dienste auf den Seiten der Pflegefinder ansehen. Achten Sie insbesondere auf die Noten für „ärztliche Leistungen" und „ärztlich verordnete pflegerische Leistungen" sowie auf individuell wichtige Unterpunkte wie etwa „Umgang mit Demenz". So bekommen Sie einen guten Überblick.

Einen guten Pflegedienst finden

Um einen geeigneten Pflegedienst auszuwählen, sollten Sie zunächst überlegen, welche Hilfe der Dienst leisten soll. Kommen zusätzliche Leistungen infrage, wie etwa ein Hausnotruf oder Betreuungsangebote? Teilweise werden weitere Hilfsleistungen auch von sogenannten ambulanten Betreuungsdiensten angeboten, die teilweise mit Pflegediensten verknüpft sind. Entscheiden Sie, am besten im Zuge einer Pflegeberatung, was Sie brauchen, und suchen Sie dann gezielt nach einem passenden Anbieter mit einer guten Bewertung.

Haben Sie eine größere Auswahl, können Gespräche mit Bekannten weiterhelfen, um zu erfahren, welcher Dienst welchen Ruf hat. Auch der Hintergrund des Pflegedienstes kann wichtig sein, etwa ob dieser aus dem kirchlichen, gemeinnützigen oder privaten Bereich kommt. In offiziellen Beratungen, etwa bei Pflegestützpunkten, Gemeindeverwaltungen oder beim Sozialen Dienst in einer Klinik, dürfen die Mitarbeitenden keine Bewertungen zu einzelnen Diensten abgeben. Daher ist ein Privatgespräch oft zielführender, um eine klare Meinung zu hören.

Wenn Sie eine Vorauswahl getroffen haben, verschaffen Sie sich möglichst einen persönlichen Eindruck im Gespräch. Manche Anbieter kommen zu einem Erstgespräch zur pflegebedürftigen Person nach Hause. Andere bieten persönliche Termine nur in den eigenen Räumlichkeiten an. So oder so ist es erlaubt, Gespräche mit mehreren Anbietern zu führen. Fragen Sie in diesen Gesprächen nach, was der Dienst genau leistet, was das kostet und welche Bedingungen eingehalten werden müssen. Schreiben Sie sich die Fragen am besten vor dem Treffen auf und machen Sie währenddessen Notizen. So lassen sich mehrere Dienste besser miteinander vergleichen. Die wichtigsten Aspekte haben wir in der Checkliste auf Seite 105 aufgeführt.

Neben der fachlichen Qualität ist auch der menschliche Umgang entscheidend. Welchen Eindruck bekommen Sie im Gespräch? Machen die Mitarbeiter einen freundlichen Eindruck? Herrscht ein wertschätzender Umgang miteinander? Ist der Dienst offen für persönliche Wünsche, zum Beispiel was die Uhrzeit betrifft, zu der die Pflegekräfte kommen? Ist der Pflegedienst telefonisch gut erreichbar?

Der Vertrag mit dem Pflegedienst

Haben Sie sich für einen Anbieter entschieden, erhalten Sie von diesem einen Pflegevertrag. Alle Leistungen und deren Kosten müssen darin aufgeschlüsselt und verständlich erklärt sein. Ebenfalls wichtig sind folgende Punkte:

Alle Zusatzvereinbarungen werden schriftlich festgehalten und von beiden Seiten unterschrieben. Eine detaillierte Abrechnung erfolgt einmal im Monat. Die genaue Höhe des Eigenanteils, also der Kosten, die die Pflegeversicherung nicht übernimmt, wird genannt und ergibt sich logisch aus den gewünschten Leistungen. Rückwirkende Preiserhöhungen sind unzulässig. Abgerechnet wird nach der erbrachten Leistung. Es müssen keine Vorschüsse gezahlt werden. Die pflegebedürftige Person und bevollmächtigte Angehörige dürfen jederzeit die Pflegedokumentation und die Abrechnungen einsehen. Reparatur oder Ersatz beschädigter Pflegehilfsmittel, die der Anbieter ausgeliehen hat, müssen Pflegebedürftige nur dann bezahlen, wenn sie grob fahrlässig oder vorsätzlich gehandelt haben. Besondere Regelungen für Menschen mit Demenz sind sinnvoll. Es wird definiert, wer den Pflegeeinsatz bezahlt, wenn die pflegebedürftige Person diesen kurzfristig absagt, und was „kurzfristig" bedeutet. Der Pflegedienst darf sich nur nach vorheriger Rücksprache mit der pflegebedürftigen Person oder einem bevollmächtigten Angehörigen ans Sozialamt wenden, damit anfallende Kosten übernommen werden.

Kündigung des Pflegedienstes

Laut Gesetz dürfen Kunden einen Pflegedienst jederzeit und ohne Angabe von Gründen kündigen. Die Fristen für die Pflegedienste sind hingegen nicht gesetzlich festgelegt. Achten Sie daher vor Vertragsabschluss darauf, was im Vertrag genannt ist. Gut ist eine Kündigungsfrist für den Dienst von sechs Wochen. Dann haben Sie genug Zeit, um einen neuen Dienst zu finden. Nicht selten sind aber deutlich kürzere Fristen von vier oder sogar nur zwei Wochen genannt. Das kann zu Versorgungsengpässen führen, falls der Dienst überraschend den Vertrag kündigt.

Das Beratungsgespräch mit dem Pflegedienst

Klären Sie mit dem Pflegedienst alle offenen Fragen. Besonders wichtig sind folgende Aspekte:

- **Bietet der Pflegedienst** alle Leistungen an, die Sie brauchen?
- **Können Sie** beim Dienst oder einem Partner auch nötige Hilfsdienste buchen, etwa einen Hausnotruf, Betreuungsangebote oder einen mobilen Friseur?
- **Erhalten Sie** alle wichtigen Informationen über Leistungen, Kosten und Bedingungen vor Vertragsabschluss schriftlich?
- **Können Sie** die Informationen nachvollziehen und sinnvoll mit anderen Diensten vergleichen?
- **Werden Nachfragen** verständlich und freundlich beantwortet?
- **Kommt der Pflegedienst** zu einer festen, verlässlichen Zeit?
- **Wird auf persönliche** Wünsche Rücksicht genommen, wie etwa feste Schlaf- und Essenszeiten?
- **Kommen maximal** drei oder vier Pflegekräfte abwechselnd?
- **Sind die Pflegekräfte** für die individuellen Belange der pflegebedürftigen Person geschult – im Bedarfsfall auch für besondere Erkrankungen?
- **Ist es möglich,** ausschließlich weibliche oder männliche Pflegekräfte zu schicken, wenn das für die pflegebedürftige Person wichtig ist?
- **Können vereinbarte Leistungen** auch wenige Tage vorher noch geändert, abgesagt oder verschoben werden?
- **Wie lange** dauert eine Umstellung, falls der Dienst häufiger oder seltener kommen soll?
- **Wie viel teurer** sind Nachtdienste? Üblicherweise zwischen 22 und 6 Uhr.
- **Gibt es** einen 24-Stunden-Bereitschaftsdienst? Ist dieser gut erreichbar? Testen Sie das nach Möglichkeit aus.
- **Bleibt der** Pflegedienst von sich aus im Kontakt mit der Hausarztpraxis, wenn Verschlechterungen auffallen?

Die Tages- und Nachtpflege

Wer zu Hause gepflegt wird, kann trotzdem regelmäßig eine stationäre Einrichtung besuchen. Es gibt zum Beispiel Kurse am Tag und Angebote für unruhige Schläfer in der Nacht.

Eine Ergänzung zur ambulanten Pflege zu Hause können teilstationäre Angebote sein. Die Tagespflege wird üblicherweise zwischen 8 und 18 Uhr angeboten, die Nachtpflege zu den restlichen Zeiten. Pflegebedürftige können entweder einzelne Stunden oder auch ganze Tage oder Nächte in einer passenden Einrichtung verbringen.

Diese individuell passende Mischung aus privater und professioneller Pflege, sowohl zu Hause als auch in einer Einrichtung, bietet sich vor allem an, wenn Pflegebedürftige sich professionelle Hilfe wünschen, diese aber ungern in die eigenen vier Wände hineinlassen wollen, oder wenn pflegende Angehörige einen Teil der Pflege abgeben wollen, es aber keinen passenden Pflegedienst gibt. Weitere Gründe können sein, dass sich Pflegebedürftige mehr Kontakt und Abwechslung wünschen, bestimmte Trainingsangebote in der Tagespflege nutzen wollen, dass sie nachts unruhig sind und/oder dauerhafte Beaufsichtigung brauchen. Auch wenn ein Partner pflegebedürftig und der andere noch sehr fit ist und Letzterer zwischendurch etwas Zeit für sich zu Hause braucht, kann die Tagespflege eine gute Lösung sein.

Angebote der Tages- oder Nachtpflege gibt es teils in Pflegeheimen, teils von separaten Anbietern. Diese sind von Region zu Region leicht verschieden. Fast immer gibt es einen Fahrservice.

Die Tagespflege

In Einrichtungen der Tagespflege werden pflegebedürftige Besucher in der Regel von 8 bis 18 Uhr versorgt und betreut. Es ist möglich, die Tagespflege an ganzen Tagen oder auch nur stundenweise zu besuchen. In dieser Zeit können Gruppenangebote genutzt und Mahlzeiten eingenommen werden. Bei Frühstück, Mittagessen sowie Kaffee und Kuchen unterstützen die Pflegekräfte bei Bedarf. Sie erinnern auch an die Einnahme von Medikamenten und helfen beim Toilettengang oder bei medizinischen Handlungen, wie etwa dem Spritzen von Insulin, sofern nötig. Manche Einrichtungen haben einen Schwerpunkt auf Demenzerkrankte und speziell auf deren Bedürfnisse zugeschnittene Angebote. Grundsätzlich gibt es verschiedene Gruppenaktionen, die den Pflegebedürftigen im Alltag helfen, den sozialen Zusammenhalt der Gruppe stärken und für alle Beteiligten neue Anregungen bieten sollen.

Gute Tagespflegeeinrichtungen sind in der Lage, die individuellen Fertigkeiten ihrer Besucher zu erkennen, flexibel darauf einzugehen und gezielt zu fördern. Dazu gehören zum Beispiel: Gedächtnistraining, Bewegungstraining, Kontinenztraining, Heilgymnastik, Mobilitätsübungen, Kraft- und Balancetraining. Auch Gesprächskreise, Spaziergänge, Ausflüge, kreative Tätigkeiten wie Malen, Singen und Handarbeiten werden oft angeboten. Häufig gibt es außerdem die Möglichkeit, Zeitungen und Zeitschriften zu lesen oder vorgelesen zu bekommen, sowie gemeinsam zu kochen oder zu backen.

Grundsätzlich bieten Tagespflegeeinrichtungen eine gute Tagesstruktur an. Gerade für Demenzerkrankte ist ein fester Tagesablauf sehr wichtig, weil er ihnen Sicherheit gibt. Andere Gäste sind hingegen dankbar für ein bisschen Abwechslung und Spontaneität. Daher sollte es idealerweise ein frei wählbares Programm geben, das unterschiedlichen Bedürfnissen gerecht werden kann. Ein flexibles Angebot von Aktivitäten in Kombination mit Pausen nach Bedarf ist ideal. Da fast alle älteren Menschen eine ruhige Mittagspause zu schätzen wissen, sollte es auf jeden Fall möglich sein, sich zum Ausruhen oder Schlafen zurückzuziehen.

PFLEGEBEDÜRFTIGE MIT DEMENZ stellen Angehörige oft vor besondere Herausforderungen. Eine Tages- oder Nachtpflege kann dabei helfen, den Erkrankten länger ein möglichst selbstbestimmtes Leben zu ermöglichen. Die Struktur der Tagespflege gibt Sicherheit, die Angebote helfen, noch vorhandene Fertigkeiten zu erhalten. Gleichzeitig können Angehörige in dieser Zeit durchatmen. Im Idealfall profitieren also beide Seiten von der Tagespflege.

Wichtig für die pflegebedürftigen Gäste ist, dass sie an Angeboten teilnehmen, die für sie aus medizinischer Sicht sinnvoll sind und die ihnen Spaß machen. Außerdem sollten sie frei entscheiden können, was sie am jeweiligen Tag mitmachen wollen. Wer einen Vormittag in der Sonne auf der einrichtungseigenen Terrasse sitzen und die laue Luft genießen möchte, sollte auch das tun dürfen.

Die Nachtpflege

Das Gegenstück zur Tagespflege ist die Nachtpflege. In entsprechenden Einrichtungen können Pflegebedürftige in der Regel von 18 Uhr bis zum nächsten Morgen um 8 Uhr verschiedene Angebote wahrnehmen.

Zwar übernachten viele Menschen am liebsten in ihrem eigenen Bett, doch manchmal ist es besser, nachts nicht allein zu sein. Vor allem für Pflegebedürftige, die nachts unruhig oder ängstlich sind, kann die Nachtpflege – in manchen oder allen Nächten der Woche – für entspanntere Nächte sorgen. Auch Menschen, die sehr schlecht einschlafen können, oder Pflegebedürftige mit einem veränderten Tag-Nacht-Rhythmus profitieren oft von den Angeboten der Nachtpflege.

Als positiver Nebeneffekt können auch pflegende Angehörige deutlich besser schlafen, wenn sie nicht in „Habachtstellung" sein müssen. Schon manch eine Seniorin mit Demenz hat nachts die halbe Wohnung umgeräumt und manch ein erkrankter Senior war überzeugt, mitten in der Nacht zur Arbeit gehen zu müssen. In solchen Fällen kann es für Pflegende unendlich beruhigend sein, zu wissen, dass Mutter oder Vater gut in einer Nachtpflegeeinrichtung aufgehoben ist. Wieder regelmäßig durchschlafen zu können, kann Wunder für das eigene Wohlbefinden bewirken, damit die Pflege am Tag auch weiterhin möglich bleibt.

Die Nachtpflege kann deshalb so gut Abhilfe schaffen, weil sie auf verschiedene Bedürfnisse älterer Pflegebedürftiger eingerichtet ist. Längst nicht nur Demenzerkrankte, auch viele andere Senioren haben mit zunehmendem Alter Schwierigkeiten beim Einschlafen. Vielen ist das aber unangenehm, sodass sie kaum darüber reden und sich stattdessen über sich selbst ärgern, was das Einschlafen noch schwieriger macht. Ein solcher Kreislauf lässt sich mit einem regelmäßigen Besuch in der Nachtpflege häufig durchbrechen.

Denn dort gibt es verschiedene Angebote für unterschiedliche Bedürfnisse, die auch alle vollkommen in Ordnung sind. Wer möchte, kann nach dem Abendessen noch etwas spielen, in der Gruppe fernsehen oder sich unterhalten. Schon diese Möglichkeit des Austauschs haben viele Pflegebedürftige zu Hause nicht. Außerdem werden entspannende Tätigkeiten angeboten und teils neue Techniken gelehrt, damit Körper und Geist zur Ruhe kommen. Wer müde ist, kann ins reservierte Bett gehen. Wer sie braucht, bekommt Hilfe beim Umziehen, Zähneputzen und Zubettgehen. Und wer nicht schlafen kann oder will, darf länger wach bleiben. Meist gibt es ein Nachtcafé, in dem sich die Gäste auch zu nachtschlafener Zeit noch leise unterhalten oder beschäftigen können. Bücher und Zeitschriften liegen genauso bereit wie Materialien für alle, die ihre Hände beschäftigen wollen. Eine Aufsicht steht die ganze Nacht zur Verfügung. Häufig gibt es auch spezielle Rundwege für Demenzerkrankte, die bei bestimmten Varianten oft einen ausgeprägten Laufdrang haben. Sie können dem Drang nachgehen, stören dabei niemanden und eine Fachkraft steht zur Verfügung, sofern sie Hilfe brauchen oder doch irgendwann ins Bett gehen wollen.

Die Finanzierung

Für die Tages- und Nachtpflege steht ab Pflegegrad 2 ein separates Budget zur Verfügung, das nicht mit anderen Leistungen verrechnet wird. Die Gäste zahlen in der Regel pauschale Tages- und Nachtsätze. Für den einrichtungseigenen Fahrservice wird meist eine geringe Gebühr fällig, die deutlich günstiger ist als ein Taxi. Alle Gebühren sind in einem Vertrag zwischen pflegebedürftiger Person und Einrichtung festgelegt und werden im Monat nach der Nutzung abgerechnet. Wer also im August für zehn Tage die Tagespflege besucht hat, erhält im September eine Rechnung über zehn Tagessätze plus eventuell Fahrtkosten.

Mit dem Geld der Pflegeversicherung können die Kosten von Pflege und Betreuung, Kursangebote sowie der Fahrdienst bezahlt werden. Dafür stehen pro Monat folgende Sätze zur Verfügung: 689 Euro in Pflegegrad 2, 1298 Euro in Pflegegrad 3, 1612 Euro in Pflegegrad 4 und 1995 Euro in Pflegegrad 5. Menschen mit Pflegegrad 1 erhalten kein Extrageld. Sie können den Entlastungsbetrag für die Tages- und Nachtpflege verwenden. In den höheren Pflegegraden geht das nicht.

Die Abrechnung selbst funktioniert wie bei einem Pflegedienst. Bei gesetzlich Versicherten schickt die Einrichtung in aller Regel die Rechnung direkt an deren Pflegekasse, sodass diese die fälligen Pflege- und Betreuungskosten vom individuellen Budget der Tages- und Nachtpflege begleicht. Die Pflegebedürftigen bekommen monatlich ein Schreiben als Übersicht. Privatversicherte müssen wie üblich die Kosten vorstrecken.

DIE MEISTEN EINRICHTUNGEN haben einen Versorgungsvertrag mit den gesetzlichen Pflegekassen. Das ist aber nicht immer der Fall. Erkundigen Sie sich bei Bedarf daher rechtzeitig, ob eine direkte Abrechnung mit der zuständigen Pflegekasse möglich ist. Falls nicht, erstattet die Kasse nur 80 Prozent des Höchstbetrags. Diese Regel gilt auch für Abrechnungen mit ambulanten Pflegediensten ohne Versorgungsvertrag mit der zuständigen Pflegekasse. Das kommt aber nur sehr selten vor.

Die Kosten für Unterkunft und Verpflegung sowie Ausflüge müssen alle Pflegebedürftigen aus eigener Tasche bezahlen. Eine entsprechende Rechnung kommt immer im Monat, nachdem die Angebote genutzt wurden. Die privat zu zahlenden Kosten werden meist unkompliziert per Lastschrift abgebucht. Hat jemand in einem Monat mehr Pflege und Betreuung genutzt, als der Maximalbetrag für den eigenen Pflegegrad vorsieht, werden auch diese Kosten privat in Rechnung gestellt.

Tages- und Nachtpflege finden

Was genau die Einrichtung anbietet und was das kostet, ist von Haus zu Haus verschieden. Es lohnt sich daher, Leistungen und Preise zu vergleichen. Anbieter in der Nähe lassen sich über die Pflegefinder der Krankenversicherungen suchen. Teilweise müssen Sie als Filter zunächst „Pflegeheim" oder „Stationäre Einrichtung" angeben und können dann erst „Tagespflege" oder „Nachtpflege" auswählen.

In den Pflegefindern werden mögliche Einrichtungen in der Umgebung mit Tagespreisen für die einzelnen Pflegegrade sowie Kontaktdaten angezeigt. Hinter dem „Q" verbirgt sich der aktuelle Qualitätsbericht mit Beurteilungen der Pflegequalität in der Tages- beziehungsweise Nachtpflege. Hohe Kosten müssen nicht unbedingt eine hohe Qualität bedeuten und geringe Kosten auch nicht für schlechte Qualität stehen. Der Vergleich lohnt sich. In manchen Regionen haben Sie eine breite Auswahl, in anderen ist das Angebot leider recht dünn. Falls Sie nichts Passendes finden, kann Ihnen der örtliche Pflegestützpunkt vielleicht sagen, ob sich aktuell ein Angebot im Aufbau befindet.

Sofern mehrere Anbieter infrage kommen, können Sie sich online über Lage, Ausstattung, Konzept und Angebote informieren. Am Telefon oder bei einem Gespräch vor Ort lassen sich individuelle Fragen klären, etwa ob ärztlich empfohlene Übungen gemacht werden oder ob es Aktionen wie Plätzchenbacken, Karnevalsfeiern oder Sommerfeste gibt, wenn das für die Pflegebedürftigen interessant ist. Für die Nachtpflege kann es auch wichtig sein, zu wissen, welche Matratzen es vor Ort gibt.

Es lohnt sich, etwas Zeit zu investieren, um eine möglichst optimale Einrichtung zu finden. Insbesondere wenn der Pflegebedarf steigt oder bestimmte Erkrankungen vorliegen, können sowohl Pflegebedürftige als auch Pflegende enorm von einem guten Angebot profitieren. Gerade die kreativen Angebote bedeuten für viele einen deutlichen Gewinn an Lebensqualität. Eine Stunde Singen, Malen, Basteln oder Stricken in der Gruppe macht einfach Spaß. Und ganz nebenbei treten dadurch häufig verloren geglaubte Fähigkeiten erneut zutage.

Hilfskräfte aus Osteuropa

Haushaltshilfen, die stundenweise unterstützen oder im Haushalt leben, sind eine wertvolle Hilfe. Damit alles legal zugeht, sollten Sie die rechtlichen Rahmenbedingungen kennen und beachten.

Eine Haushaltshilfe ist grundsätzlich eine wertvolle Unterstützung. Wenn sie stundenweise das Putzen oder das Waschen, Aufhängen und Falten der Wäsche übernimmt, entspannt das die Zeitplanung enorm. Das gilt auch und insbesondere für Haushalte mit Pflegebedürftigen.

Bei erhöhtem Pflegebedarf wünschen sich aber viele Familien noch deutlich mehr Unterstützung. Zunehmend ziehen dafür Haushalts- und Betreuungskräfte – meist aus Osteuropa – eine Zeit lang in den Haushalt der pflegebedürftigen Person mit ein, erhalten ein Gehalt sowie kostenlose Unterkunft und Verpflegung und helfen bei vielen alltäglichen Kleinigkeiten. Diese Kräfte werden auch „Live-Ins" genannt. Schätzungen gehen davon aus, dass es mittlerweile mehrere Hunderttausend Familien in Deutschland mit einer solchen Hilfe gibt. In Kombination mit Unterstützung aus der Familie, die sich beispielsweise am Wochenende kümmert, und durch einen Pflegedienst, der tagsüber bestimmte Aufgaben übernimmt, können somit auch stärker Pflegebedürftige noch lange im bekannten Zuhause wohnen bleiben.

Diese Art der Unterstützung hat allerdings einige Tücken, die Sie kennen sollten, falls Sie über ein solches Konzept nachdenken. Das Wichtigste ist es, sich klar zu machen, dass niemand allein eine 24-Stunden-Betreuung übernehmen kann und darf. Erstens ist das unrealistisch, weil jeder mal schlafen muss. Zweitens ist es rechtswidrig. Denn auch für Arbeitskräfte aus dem Ausland gilt deutsches Arbeitsrecht. Darin ist unter anderem festgelegt, dass jede Person pro Woche maximal 48 Stunden arbeiten darf, einen Tag pro Woche komplett frei haben muss, Mindestlohn und bezahlten Urlaub erhalten muss. Eine tatsächliche Rund-um-die-Uhr-Betreuung wäre also nur möglich, wenn sich mindestens drei Hilfskräfte in 8-Stunden-Schichten abwechseln, dabei nicht krank werden und in ihren Urlauben für Ersatz sorgen. Das ist aber utopisch.

Dennoch kann eine Betreuungskraft eine wertvolle Unterstützung sein, wenn sie sich acht Arbeitsstunden an Werk- und Samstagen flexibel aufteilen und regelmäßig Pausen und Urlaub machen darf. In Absprache mit Familie und Pflegedienst kann sie im Haushalt helfen und einfache Grundpflege leisten. Bezahlt die pflegebedürftige Person dafür mindestens den aktuellen deutschen Mindestlohn, stellt eine kostenlose Unterkunft und Verpflegung zur Verfügung und hält sich auch an die weiteren Vorgaben des Arbeitsrechts, ist eine solche Hilfe prinzipiell legal.

Vor allem Frauen aus Polen, Bulgarien, Kroatien und Rumänien sowie seit Kurzem aus der Ukraine stellen sich für die Betreuung pflegebedürftiger Deutscher zur Verfügung. Üblicherweise bleiben sie für zwei bis drei Monate und kehren dann für die gleiche Zeit zu ihren Familien zurück, bevor sie erneut zwei bis drei Monate unterstützen. Dazwischen kommt eine andere Hilfskraft. Im Idealfall können sich so zwei Betreuungskräfte langfristig abwechselnd um eine pflegebedürftige Person kümmern.

BETREUUNGSKRÄFTE HABEN MEIST selbst Familien, teils schulpflichtige Kinder, und verlassen diese immer wieder für mehrere Monate, um in einem fremden Land einen Menschen zu pflegen. Viele hoffen, dadurch Dinge bezahlen und für die Rente sparen zu können, was sonst unerreichbar wäre. Dass sie dafür ihre Liebsten zurücklassen, sollte der Familie der Pflegebedürftigen bewusst sein. Sie werden zwar nicht gezwungen, aber finanzielle Nöte können ein Grund sein. Ein wertschätzender Umgang, eine gute Bezahlung und eine stabile Internetverbindung ins Heimatland sind daher das Mindeste.

Die Hilfe durch eine Haushalts- und Betreuungskraft hat einige Vorteile. Sie ist fast immer deutlich günstiger als die gleiche Arbeit eines Pflegedienstes, da für professionelle Pflegekräfte und deren Logistik höhere Stundensätze gezahlt werden müssen. Insbesondere für einfache Tätigkeiten wie putzen, waschen, einkaufen, kochen und kleine Handreichungen im Laufe des Tages ist es daher sinnvoll, eine Hilfskraft anstatt eine Pflegefachkraft dafür zu bezahlen. Außerdem ergibt sich, wenn die Betreuungskraft mit im Haushalt wohnt, eine räumliche Nähe, die sehr praktisch ist. Und meist entwickelt sich nach einer Weile auch eine emotionale Bindung zwischen Hilfskraft und pflegebedürftiger Person, weil sie viel Zeit miteinander verbringen.

Was darf eine Betreuungskraft leisten?

Die Betreuungskraft darf bei allen Tätigkeiten im Haushalt und bei einfachen Pflegetätigkeiten helfen oder diese übernehmen. Dazu gehört: Aufstehen und Ins-Bett-Bringen, Nutzung der Toilette, Waschen, Kämmen, Zähneputzen, Rasieren, An- und Ausziehen, Einkaufen und Zubereiten von Mahlzeiten und Getränken, Essen und Trinken, Wäsche waschen, aufhängen, bügeln und falten sowie Aufräumen und Putzen.

Auch bei Freizeittätigkeiten darf die Betreuungskraft unterstützen und begleiten, etwa beim Spazierengehen, durch Vorlesen oder Spielen. Sie begleitet zu Terminen, egal, ob zum Amt, zur Ärztin oder ins Konzert.

Wichtig zu wissen: Eine Haushalts- und Betreuungskraft – unabhängig davon, aus welchem Land sie stammt – darf grundsätzlich nur den nichtmedizinischen Teil der Pflege leisten. Alles an medizinischer Versorgung, wie etwa Spritzen geben, aber auch so etwas wie Blutdruck messen oder Medikamente verabreichen, dürfen offiziell nur entsprechend ausgebildete Kräfte. Selbst wenn die Hilfskraft in ihrem Heimatland eine pflegerische Ausbildung absolviert hat, darf sie in Deutschland in aller Regel keine Behandlungspflege leisten. So sollen Haftungsstreitigkeiten vermieden werden. Entsprechende Hilfe sollte daher immer von Fachkräften eines Pflegedienstes oder in einer Tages- oder Nachtpflegeeinrichtung geleistet werden.

Varianten der Bezahlung: Anstellung im Haushalt

Wer eine Betreuungskraft sucht, die in den Haushalt einer pflegebedürftigen Person mit einzieht und dort unterstützt, hat dafür drei Möglichkeiten. Alle haben Vor- und Nachteile. Eine theoretisch vierte Möglichkeit können wir nicht empfehlen.

Variante 1 ist die Anstellung im Haushalt. Als Privathaushalt in Deutschland können Sie zum Arbeitgeber werden und eine oder mehrere Hilfskräfte einstellen. Ob diese aus Deutschland oder einem anderen EU-Land stammen, ist egal. Wenn entweder Sie als Angehörige oder die pflegebedürftige Person eine Betreuungskraft direkt anstellt, hat das mehrere Vorteile. Sie können die gewünschten Leistungen aushandeln beziehungsweise vorgeben und sind gegenüber der Hilfskraft weisungsbefugt. Es gibt also niemanden, der Ihnen hereinredet, sofern Sie sich an deutsches Arbeitsrecht halten. Die Betreuungskraft erhält dann ihr Gehalt direkt von Ihnen als Arbeitgeber. Der Nachteil ist, dass Sie sich darum kümmern müssen, dass die Arbeit der Hilfskraft korrekt versteuert wird. Außerdem müssen Sie den Arbeitgeberanteil der Sozialversicherungsabgaben bezahlen und eine Unfallversicherung organisieren.

Insgesamt ist diese Variante dennoch am günstigsten, weil Sie sich selbst um alles kümmern und keinen Vermittler bezahlen müssen. Die Kosten betragen mindestens 2700 Euro im Monat. Davon kommt etwa die Hälfte bei der Hilfskraft an. Ein Beispiel finden Sie auf Seite 120.

UNTERSTÜTZUNG BEI DER ANSTELLUNG einer osteuropäischen Betreuungskraft können Interessierte bei „CariFair" (Caritas) oder „FairCare" (Diakonie) erhalten. Mitarbeitende beraten zu rechtlichen Details und helfen bei der Suche nach einer Hilfskraft. Auch später können sich Betreuungskräfte und Pflegebedürftige dorthin wenden, wenn es Fragen oder Probleme gibt. Für den Service ist eine Gebühr je nach Aufwand fällig. Details erfahren Sie bei der Caritas unter carifair.de, 0 52 51/20 94 38 und bei der Diakonie unter vij-faircare.de, 07 11/2 39 41 37.

Entsendung durch ausländische Unternehmen

Ein Unternehmen, das im EU-Ausland ansässig ist, kann grundsätzlich recht unkompliziert seine Mitarbeitenden für eine gewisse Zeit in andere EU-Länder schicken. Also auch nach Deutschland. Eine solche Entsendung ist also die zweite Variante. Für ausländische Betreuungskräfte ist sie ein üblicher Weg, um Pflege in einem deutschen Haushalt zu leisten.

Der Vorteil für Haushalte mit Pflegebedarf besteht darin, dass sie sich um recht wenige Formalitäten kümmern müssen. Interessierte können sich über eine deutsche Vermittlungsagentur eine geeignete Betreuungskraft eines ausländischen Unternehmens vermitteln lassen, die dann zum vereinbarten Zeitpunkt im Haushalt einzieht. Koordinierung, Bezahlung, Steuern und Sozialabgaben muss das ausländische Unternehmen regeln.

Nachteilig ist, dass die Vermittlung natürlich Geld kostet. Außerdem sind Sie in diesem Arbeitsverhältnis lediglich Kunde und haben somit kein Mitspracherecht in Bezug auf zum Beispiel Urlaubszeiten der Betreuungskraft. Streng genommen sind Sie auch gegenüber der Hilfskraft nicht weisungsbefugt. Sie können um bestimmte Dinge bitten, sie aber nicht durchsetzen, weil das ausländische Unternehmen der Chef ist.

Für die Entsendeten kann das Konzept Vor- und auch Nachteile haben. Positiv ist, dass sie die Sicherheit einer Festanstellung in ihrem Heimatland haben. Es gibt dort weitere Kolleginnen und Kollegen, von denen auch jemand einspringen kann, falls die Hauptbetreuungskraft länger krank werden sollte. Bei Fragen oder Beschwerden können die

Entsendeten sich an ihre Firma wenden, deren Mitarbeitenden ihre Muttersprache sprechen, und bekommen im Idealfall Unterstützung, wenn es in Deutschland nicht gut läuft. Das ist aber nur die Theorie.

In der Praxis sind die Arbeitsbedingungen für die Entsendeten oft miserabel. In einer Untersuchung aus dem Jahr 2023 gab die Hälfte der befragten Betreuungskräfte an, gar keinen Arbeitsvertrag zu haben. Bei der anderen Hälfte hatten lediglich zwei Drittel eine Vereinbarung zu Arbeitszeiten im Vertrag stehen – und die wurde meist nicht eingehalten. 75 Prozent der Betreuungskräfte mit Vertrag und 90 Prozent derjenigen ohne Vertrag berichteten, dass ihre Überstunden weder finanziell noch durch Freizeitausgleich abgegolten würden. Sieben Arbeitstage pro Woche und Rufbereitschaft in jeder Nacht gehörte für weit mehr als die Hälfte der Befragten zum Alltag. Im Durchschnitt arbeiteten sie etwa 72 Wochenstunden – ohne den nächtlichen Bereitschaftsdienst.

Dass dies gegen deutsches Arbeitsrecht verstößt, wussten viele nicht. Den Deutschen, die die Hilfe nutzten, war es entweder egal oder nicht klar, wie viel sie von ihren Betreuungskräften verlangten. Unter solchen Arbeitsbedingungen bekommt ein Satz wie „Wir haben jetzt eine Polin", der öfter mal von älteren Pflegebedürftigen geäußert wird, eine besonders bittere Bedeutung, da die Hilfskraft offensichtlich sklavenähnlich ausgenutzt wird. Das lehnt die Stiftung Warentest entschieden ab!

Wenn Sie sich für eine entsendete Betreuungskraft interessieren, dann achten Sie bitte darauf, dass diese unter menschenwürdigen Bedingungen arbeiten darf. Wenden Sie sich an eine professionelle Vermittlungsagentur, die das Wohl aller Seiten im Blick hat. Der Standard DIN SPEC 33454 zertifiziert Agenturen, die sich zu fairen Arbeitsbedingungen, Beratungen durch Pflegekräfte, kundenfreundlichen Verträgen und Eignungsprüfungen der Betreuungskräfte verpflichten.

Eine Vermittlungsagentur befragt Sie in der Regel zunächst nach Ihren Bedürfnissen und Wünschen in Bezug auf eine Betreuungskraft. Das ist telefonisch, online oder in einem Gespräch vor Ort möglich. Die Agentur kooperiert meist mit mehreren Firmen aus Osteuropa und sucht dort nach geeigneten Kandidatinnen. Anschließend macht sie Ihnen zwei oder drei Vorschläge zu Betreuungskräften, die infrage kämen. Sie können eine davon auswählen. Falls es später Probleme geben sollte, ist die Agentur Ihr Ansprechpartner, um diese zu lösen.

Werden Sie sich einig, unterschreiben Sie zwei Verträge. Einen Vermittlungsvertrag mit der deutschen Agentur und einen Dienstleistungsvertrag mit dem ausländischen Unternehmen. Die Betreuungskraft wird anschließend zum vereinbarten Termin nach Deutschland entsendet. Monatlich zahlt die pflegebedürftige Person nun für die Dienstleistung und die Vermittlungsarbeit. Die Kosten liegen bei etwa 2800 bis 3800 Euro im Monat – je nachdem, was die Betreuungskraft leisten soll und welche Voraussetzungen sie mitbringt. Gute deutsche Sprachkenntnisse und eine Ausbildung im pflegerischen oder medizinischen Bereich kosten in der Regel einen Aufschlag.

Wichtig: Lassen Sie sich die Bescheinigung A1 unbedingt im Original zeigen und heften Sie eine Kopie davon ab oder speichern Sie einen Scan. Die Bescheinigung ist der Beleg dafür, dass die Betreuungskraft in ihrem Heimatland sozialversichert ist. Der Zoll kontrolliert stichprobenartig, ob solche Bescheinigungen vorliegen. Sollte sie fehlen, haften Sie mit. Wenn Sie unsicher sind, können Sie sich bei Fragen an die Zentrale Auslands- und Fachvermittlung (ZAV) der Bundesagentur für Arbeit wenden unter zav.de oder telefonisch unter 0228/7131313.

Anstellung bei einem deutschen Anbieter

Eine Art Mischvariante zwischen 1 und 2 ist die Leiharbeit. Theoretisch ist es als deutscher Haushalt möglich, Betreuungskräfte von einem deutschen Anbieter als Leiharbeitskraft für eine bestimmte Zeit zu übernehmen. Als „Entleiher" sind Sie weisungsbefugt, haben aber einen geringen Verwaltungsaufwand, da die Koordinierung, Bezahlung sowie Steuern und Sozialabgaben vom verleihenden Unternehmen geleistet werden. Im Krankheitsfall muss der Verleiher außerdem eine Ersatzkraft zur Verfügung stellen, die die Aufgaben übernimmt. Diese Variante ist aber nicht sehr weit verbreitet.

Keine Variante: Selbstständige Betreuungskräfte

Manche Agenturen bieten an, selbstständige Betreuungskräfte zu vermitteln. Das habe den Vorteil, dass diese sich selbst um ihre soziale Absicherung und Steuerzahlungen kümmern müssen und ihnen weder bezahlter Urlaub noch Krankengeld zustehe. Das entspricht aber in den allermeisten Fällen nicht dem deutschen Recht.

In Deutschland gilt jemand nur dann als selbstständig, wenn er mehrere Auftraggeber hat und nicht den Anweisungen eines Unternehmens oder einer Person unterliegt. Das ist bei einer Betreuungskraft, die dauerhaft bei einer pflegebedürftigen Person lebt und diese versorgt, aber unrealistisch. In solchen Fällen spricht man von Scheinselbstständigkeit. Agenturen und Pflegebedürftige sparen sich Abgaben, indem sie die entsprechenden Risiken vollständig auf die Betreuungskraft abwälzen und obendrein keine Steuern bezahlen. Kommt eine solche Scheinselbstständigkeit ans Licht, müssen die Auftraggeber Steuern und Versicherungsgebühren nachzahlen und außerdem ein Bußgeld entrichten. Je nach Höhe droht sogar ein Strafverfahren für beide Seiten. Daher ist die Beschäftigung einer sogenannten selbstständigen Betreuungskraft als Live-In nicht zu empfehlen.

Wichtiges aus dem deutschen Arbeitsrecht

Egal, für welche Variante Sie sich entscheiden: Wenn Sie die Hilfe einer ausländischen Betreuungskraft in Anspruch nehmen wollen, sollten Sie die wichtigsten Punkte des deutschen Arbeitsrechts kennen. Es gilt – bis auf wenige Ausnahmen – für alle Hilfskräfte.

Arbeitserlaubnis. Die Betreuungskraft braucht keine Arbeitserlaubnis, wenn sie aus einem EU-Land kommt. Denn sämtliche EU-Bürger dürfen uneingeschränkt in allen EU-Staaten arbeiten. Anders ist das bei Menschen, die beispielsweise aus der Türkei, Russland oder der Ukraine stammen. Was Sie in Bezug auf welches Nicht-EU-Land beachten müssen, erfahren Sie auf Nachfrage in der örtlichen Agentur für Arbeit.

Arbeitszeit. Arbeitnehmer dürfen regelmäßig maximal acht Stunden am Tag beziehungsweise 48 Stunden in der Woche arbeiten. Pro 24 Stunden muss eine Pause von mindestens elf Stunden am Stück frei sein. Ein Tag pro Woche muss komplett frei sein, es muss aber nicht jede Woche der gleiche sein.

Befristung. Ohne besonderen Grund dürfen Arbeitsverträge bis zu zwei Jahre befristet werden. Bei einer Entsendung aus dem Ausland endet die Zusammenarbeit daher meist nach zwei Jahren.

Bezahlung. Betreuungskräfte müssen mindestens den aktuellen allgemeinen Mindestlohn erhalten. Wohnen sie mit im Haushalt, sind Unterkunft und Verpflegung frei. Dafür gelten Sachbezugswerte, auf die Abgaben anfallen. Eine Anstellung auf Minijob-Basis plus ein Taschengeld in bar ist illegal. Kommt ein solcher Steuerbetrug heraus, müssen Sie mit Nachzahlung, Bußgeld und eventuell einem Strafverfahren rechnen.

Probezeit. Sie können eine Probezeit vereinbaren, wenn Sie die Hilfskraft selbst anstellen. In dieser Zeit können Sie den Vertrag ohne Angabe von Gründen kündigen. Auch für die Hilfskraft gelten dann verkürzte

Haushalts- und Betreuungskräfte in Deutschland

Wie viele Hilfskräfte aus Osteuropa sich um deutsche Pflegebedürftige in deren Zuhause kümmern, weiß niemand ganz genau. Branchenkenner vermuten:

300 000 bis **600 000**

93 %

von ihnen sind Frauen

75 %

mindestens arbeiten unter unwürdigen Bedingungen

» **Häusliche Betreuungskräfte aus Osteuropa haben sich in den vergangenen Jahren zur vierten tragenden Säule des Pflegesystems in Deutschland entwickelt.** «

unzumutbar und verboten:

77 %

arbeiten sieben Tage die Woche

63 %

haben jede Nacht Bereitschaftsdienst

80 %

und mehr bekommen Überstunden nicht bezahlt

Kündigungsfristen. Üblich ist eine Probezeit von vier Wochen. Manche Agenturen bieten ebenfalls Probezeiten von einigen Wochen an.

Schutz. Für private Arbeitgeber – egal, ob sie jemanden anstellen oder die Entsendung nutzen – gilt die Fürsorgepflicht. Sie müssen zum Beispiel für eine sichere Arbeitsumgebung sorgen, die Betreuungskraft bei der Unfallversicherung melden und auf Wunsch zusätzlich zu einem angemessenen Schlafraum und zur Verpflegung auch „Anordnungen treffen, welche mit Rücksicht auf (...) die Religion des Verpflichteten erforderlich sind". So schreibt es das Bürgerliche Gesetzbuch (§ 618) vor.

Unterkunft und Verpflegung. Eine Betreuungskraft, die mit im Haushalt lebt, bewohnt in der Regel ein eigenes Zimmer, möglichst mit Bad und gutem Internet. Unterkunft und Verpflegung sind für sie kostenfrei.

Urlaub. Betreuungskräfte haben Anspruch auf mindestens 24 Tage bezahlten Urlaub im Jahr. Im Krankheitsfall bekommen sie für eine gewisse Zeit weiterhin ihr normales Gehalt. Liegt eine längere Erkrankung vor, können Sie beim Entsendemodell um eine Ersatzkraft bitten.

Welche Kosten sind realistisch?

Wenn Sie selbst eine Live-In anstellen, bestehen die monatlichen Basiskosten aus dem Lohn sowie Sozialabgaben und Steuern. Die Abgaben werden auch auf die sogenannten Sachbezugswerte für die freie Unterkunft und Verpflegung fällig, die Sie der Hilfskraft stellen müssen. Die Sachbezugswerte sind theoretische Rechengrößen, die jedes Jahr neu festgelegt werden. Die aktuellen Werte veröffentlicht beispielsweise der Verband der Ersatzkassen unter vdek.com, Suchwort „Sachbezugswerte". Eine Beispielrechnung finden Sie auf der folgenden Doppelseite.

Zu den monatlichen Kosten kommen noch die Fahrtkosten für die Hin- und Rückreise von üblicherweise zwei Betreuungskräften im Wechsel hinzu. Dank des Fernbusverkehrs sind die Kosten in Länder wie Polen oder Kroatien recht überschaubar. Eine Fahrt kostet circa zwischen 50 und 80 Euro. Wenn sich beispielsweise zwei Betreuungskräfte in Drei-Monats-Schichten abwechseln, also insgesamt vier Fahrten pro Person und Jahr stattfinden, kommen jährliche Fernbuskosten in Höhe von etwa 400 bis 700 Euro hinzu. Wohnt die Betreuungskraft allerdings in einer kleinen Ortschaft in Rumänien auf dem Land, können die Kosten auch deutlich teurer werden. Tipp: Welches Verkehrsmittel innerhalb Europas wie viel kostet, können Sie komfortabel auf der Webseite rome2rio.com herausfinden. Das Programm kann auch Fahrtzeiten mehrerer Verkehrsmittel, etwa Fernbus, Zug und Flugreise, miteinander kombinieren und die Kosten vergleichen.

Beispielrechnung

Bei einer Wochenarbeitszeit von 40 Stunden und einem Mindestlohn von 12,41 Euro brutto für das Jahr 2024 wird folgendermaßen gerechnet:

Bruttoentgelt inklusive Sachbezüge

Bruttoentgelt:	2 151 €
Sachbezugswert freie Unterkunft:	+ 278 €
Sachbezugswert freie Verpflegung:	+ 313 €
Brutto gesamt:	2 742 €

Auf den Bruttogesamtwert werden Steuern und Sozialabgaben berechnet. Diese unterscheiden sich leicht je nach Wohnort, Krankenkasse und Familienstatus. Eine individuelle Berechnung ist online zum Beispiel unter brutto-netto-rechner.info unter dem Menüpunkt „Gehalt", Unterpunkt „Gehaltsrechner für Arbeitgeber" möglich. Als Unfallabsicherung ist grundsätzlich eine Jahresgebühr fällig, die ebenfalls je nach Bundesland leicht unterschiedlich ausfällt. Für eine Betreuungskraft in Steuerklasse 1 mit einem Krankenkassenzusatzbeitrag von 1,5 Prozent, die in Nordrhein-Westfalen angestellt ist, werden folgende Abgaben fällig:

Sozialabgaben und Unfallversicherung

Rentenversicherung:	255 €
Arbeitslosenversicherung:	+ 36 €
Krankenversicherung:	+ 221 €
Pflegeversicherung:	+ 47 €
Unfallversicherung (monatlich runtergerechnet):	+ 3 €
Abgaben gesamt:	562 €

Gesamtkosten für den Arbeitgeber

Brutto gesamt:	2151 €
Abgaben gesamt:	+ 562 €
Gesamtkosten:	2 713 €

Plus angemessene Verpflegung.

Vom Bruttoentgelt muss die Betreuungskraft den Arbeitnehmeranteil an Steuern und Versicherungen abführen. Der Beitrag zur Pflegeversicherung hängt vom Familienstatus ab. Wir rechnen mit einem Beitrag von 4 Prozent zur Pflegekasse aufgrund von Kinderlosigkeit.

Nettogehalt der Betreuungskraft

Bruttoentgelt:	2 151 €
Lohnsteuer:	– 261 €
Rentenversicherung:	– 255 €
Arbeitslosenversicherung:	– 36 €
Krankenversicherung:	– 221 €
Pflegeversicherung:	– 63 €
Nettogehalt:	1 315 €

Bei kostenloser Unterkunft und Verpflegung.

Im Laufe der Zeit ändert sich die Rechnung – immer, wenn der Mindestlohn angepasst wird. Ab 2025 beträgt er 12,82 Euro brutto pro Stunde.

Organisation und Finanzierung

Um eine Live-In anzustellen, setzen Sie einen Arbeitsvertrag auf. Lassen Sie ihn in deren Muttersprache übersetzen. Unterstützung erhalten Sie von den Projekten FairCare oder CariFair, von der Verbraucherzentrale oder der Bundesagentur für Arbeit. Dann müssen Sie die Hilfskraft unter arbeitsagentur.de/unternehmen/betriebsnummern-service anmelden und die Absicherung bei einer Krankenkasse Ihrer Wahl und der Gesetzlichen Unfallversicherung beantragen. Unter der Telefonnummer 0 800/6 05 04 04 erfahren Sie, wer für Sie zuständig ist. Klären Sie mit dem örtlichen Finanzamt, wie und wann Sie Lohnsteuer für Ihre Betreuungskraft bezahlen müssen. Steuerberater und Lohnsteuervereine können bei Bedarf weiterhelfen. Prüfen Sie auch, ob die Hilfskraft über die Privathaftpflichtversicherung des Arbeitgebers, also von Ihnen oder der pflegebedürftigen Person, mitversichert ist. Falls nicht, schließen Sie einen neuen Vertrag ab.

Als Arbeitgeber können Sie einen Teil der Kosten für eine Betreuungskraft steuerlich geltend machen. Wie das geht, erfahren Sie ab Seite 151.

Einen weiteren Teil übernimmt die Pflegeversicherung mit dem Entlastungsbetrag von 125 Euro sowie umgewidmeten Sachleistungen in Höhe von bis zu 880 Euro monatlich. Unter Umständen kann auch das Budget für Verhinderungspflege von jährlich maximal 2 418 Euro beziehungsweise ab Juli 2025 das Entlastungsbudget von bis zu 3539 Euro pro Jahr zur Querfinanzierung genutzt werden. Grundsätzlich ist es sinnvoll, dass zusätzlich ein Pflegedienst kommt oder die Angebote der Tages- und Nachtpflege besucht werden. Oder alles davon. Nutzen Sie eine gute Kombination. Dann ist umfangreiche Pflege bezahlbar und trotzdem wird im Idealfall niemand überfordert.

Was noch hilft

Um den Pflegealltag zu Hause leichter zu gestalten, können Anpassungen helfen, die indirekt der Pflege dienen. Dazu zählen technische Hilfen und altersgerechte Umbauten.

Die Pflege in den eigenen vier Wänden wird deutlich einfacher, wenn Wohnung oder Haus passend ausgestattet sind. Im ersten Kapitel wurde ab Seite 24 bereits erklärt, welche kleinen und schnellen Hilfen sofort wirken. Nun sollen die umfangreicheren Maßnahmen erläutert werden, die dafür sorgen können, dass Pflegebedürftige länger, sicherer und weniger aufwendig für alle Beteiligten in ihrem gewohnten Umfeld bleiben können.

Hausnotruf

Ein Klassiker unter den technischen Hilfsmöglichkeiten ist der Hausnotruf. Ein Notrufknopf, der als Armband ums Handgelenk oder als Kette um den Hals getragen wird, ist über die Telefonanlage mit einem Notfalldienst verbunden, der 24 Stunden am Tag besetzt ist. Wird der Knopf gedrückt, etwa weil jemand gestürzt ist und nicht wieder aufstehen kann, wird eine Verbindung aufgebaut und der Notdienst kann über Lautsprecher, die in der Wohnung verteilt wurden, nachfragen, was passiert ist.

Sollte die pflegebedürftige Person nicht über das im Notrufknopf eingebaute Mikrofon antworten, setzt der Notdienst eine vorher besprochene Notfallkette in Gang. Dann wird zum Beispiel ein Krankenwagen gerufen und gleichzeitig eine Nachbarin informiert, die den Zweitschlüssel zur Wohnung der pflegebedürftigen Person hat. Sie kann hinübergehen, eventuell erste Hilfe leisten und die Sanitäter hereinlassen.

Die beiden großen Vorteile des Hausnotrufs im Gegensatz zu einem normalen Handy bestehen darin, dass einerseits der Notrufknopf wasserdicht ist und somit jederzeit am Körper getragen werden kann und dass zweitens die Notrufzentrale rund um die Uhr besetzt ist.

Übrigens: Sollte der Knopf aus Versehen gedrückt werden, ist das kein Problem. Hier gilt die Devise: Lieber zehn Mal zu viel gedrückt als ein Mal zu wenig. Es lässt sich auch vereinbaren, dass der Notfalldienst täglich zu einer festen Uhrzeit anruft, um zu klären, ob alles in Ordnung ist. Oder dass die Notfallknopf-Träger sich selbst melden sollen. So ist sichergestellt, dass jemand bemerkt, wenn etwas nicht stimmt.

Angeboten werden Hausnotrufsysteme von verschiedenen Wohlfahrtsverbänden und mittlerweile auch von Privatdiensten. Übliche Anbieter sind das Deutsche Rote Kreuz, die Johanniter und die Malteser. Das System ist für alle Personen gedacht, die diese Hilfe in Anspruch nehmen wollen. Mit einem Pflegegrad finanziert die Pflegeversicherung die monatlichen Kosten in Höhe von knapp 20 bis 30 Euro.

Installiert werden alle nötigen Geräte nach einer Terminvereinbarung von einem Profi. Er testet die Funktion auch mit der dort lebenden Person, damit sie sicher weiß, was zu tun ist, und auch beispielsweise mit einer Schwerhörigkeit alles verstehen kann, was über Lautsprecher gesagt wird. Alles muss für sie passend eingestellt sein.

Bis ein Vertrag geschlossen und alles funktionstüchtig ist, dauert es von Region zu Region unterschiedlich lange. Teils ist eine Woche nach dem ersten Anruf alles erledigt, teils erhält man erst nach mehreren Wochen einen Beratungstermin. Erkundigen Sie sich im Bedarfsfall im örtlichen Pflegestützpunkt, was in Ihrer Region üblich ist.

Gut zu wissen: Es gibt auch Notrufsysteme für unterwegs. Fragen Sie bei Interesse, was an Extras möglich ist und was diese kosten.

Technische Hilfen

Viele smarte Techniken, die eher Jüngere nutzen, können auch Älteren den Alltag erleichtern, sofern die „Aber das habe ich doch noch nie so gemacht!"-Einstellung überwunden werden kann. Einiges steigert Komfort und Sicherheit und kann zusätzlich noch Energie sparen. Manche digitalen Hilfen werden sogar von den Pflege- oder Krankenkassen mitfinanziert, wenn sie einen nachgewiesenen Nutzen haben. Nachfolgend ein paar Ideen, was es mittlerweile an alltäglichen Hilfen gibt:

Automatische Lichtsysteme. Neben Zeitschaltuhren gibt es kluge Licht-Optionen, etwa LED-Lichterketten mit integrierter Ein- und Abschaltung, indirekte Beleuchtung mit Bewegungssensoren oder Lampen, die auf Sprachbefehle reagieren, weil sie in einer smarten Steckdose stecken. Bei Vergesslichen herrscht somit nicht die ganze Nacht Festtagsbeleuchtung und bei unsicheren Toilettengängern wird nachts der Weg ins Bad automatisch erhellt. Bestimmte Leuchten können auch so eingestellt werden, dass sie vormittags mehr und abends weniger blaues Licht ausstrahlen. Das hilft dem Tag-Nacht-Rhythmus und erleichtert das Einschlafen. Smarte Steckdosen gibt es ab etwa 12 Euro. LED-Lichterketten und -Lichtschläuche mit Timer je nach Länge ab etwa 10 Euro. Smarthome-Technik ist teurer.

Herd- und Wasserschutz. Eine Herdabschaltautomatik warnt mit einem lauten Ton, wenn der Herd sehr lange eingeschaltet bleibt, und schaltet alle Platten und den Ofen nach einer festgelegten Zeit aus. Manche Modelle arbeiten mit einem Bewegungsmelder, sodass der Herd nur eingeschaltet bleibt, solange jemand in der Küche ist. Auch für Wasserhähne gibt es Sicherheitsautomatiken. Bleiben diese sehr lange aufgedreht oder fließt Wasser auf den Boden, schlagen sie Alarm.

Klingelverstärkung. Klingel und Telefon werden im Alter häufig überhört. Abhilfe schafft eine Klingelverstärkung, die den Ton in mehrere Räume überträgt und verstärkt und teils zusätzlich ein optisches Signal zeigt, wie etwa ein Blitzlicht, damit Schwerhörige das Klingeln sehen.

Reinigungskräfte. Kleine, runde Saug- oder Saug-Wisch-Roboter reinigen die Böden wahlweise per Knopfdruck oder fahren automatisch los, wenn sie programmiert wurden. Sie reinigen auch schwer zugängliche Stellen, etwa unterhalb von Möbelstücken. Einfache Versionen kosten ab 100 Euro und schaffen mehrere Räume mit einer Akkuladung. Hochpreisige Modelle lassen sich sehr individuell programmieren und finden dank Kamerafunktion auch verlorene Gegenstände wieder.

Smarte Thermostate. Senioren bewegen sich weniger, frieren schneller und vergessen womöglich häufiger, die Heizung auszumachen, wenn sie einen Raum für längere Zeit verlassen. Zugleich haben insbesondere Pflegebedürftige meist einen geregelten Tagesablauf. Das sind ideale Voraussetzungen für ein smartes Heizsystem, das – wahlweise automatisch oder per Fernsteuerung – die Temperatur in den einzelnen Räumen regelt. Smarte Thermostate gibt es ab 50 Euro pro Stück. Kombiniert werden können diese mit intelligenten Rollläden und Fensteröffnern.

Wearables. Smarte Armbänder können Vitalfunktionen wie Herzfrequenz oder Blutzucker im Blick behalten und bei Gefahr Alarm schlagen. Auch Stürze können die smarten Armbänder registrieren. Ist die entsprechende Funktion aktiviert, wartet das Wearable nur kurz ab, ob die gestürzte Person sich anschließend bewegt. Tut sie das nicht, setzt sie einen Notruf ab und schickt die aktuelle GPS-Position gleich mit. So wissen Helfer, wo sie suchen müssen. Manche Geräte können dafür auch an ein Hausnotrufsystem gekoppelt werden.

AAL-Systeme

Technische Systeme, die speziell dafür entwickelt wurden, Senioren den Alltag zu erleichtern, werden auch unter dem Namen „AAL-Systeme" vermarktet. AAL steht für „Ambient Assisted Living", was frei übersetzt „Altersgerechte Assistenzsysteme für ein schöneres Leben" bedeutet. Die Systeme werden automatisch, per Sprachbefehl, Gesten oder Tablet gesteuert und bieten verschiedene Hilfestellungen.

Das kann zum Beispiel sein, dass eine Leuchte, ein Vibrationsalarm oder ein Klingelton an einer smarten Tablettenbox daran erinnert, welche Tablette jetzt eingenommen werden muss. Wurde die Tablette herausgenommen, wird der nächste Alarm aktiviert. Auf Wunsch kann eine Information an eine vorab eingestellte Person geschickt werden, falls die Entnahme vergessen wird. Eine andere Variante ist das digitale Nachordern eines regelmäßig benötigten Medikaments. Per sicherer Datenverbindung wird die neue Packung über eine spezielle App auf einem seniorengerechten Tablet bei der hinterlegten Apotheke geordert. Dort kann es entweder persönlich abgeholt werden oder es wird vorbeigebracht.

Die Voraussetzung für solche AAL-Systeme ist ein passend eingerichtetes Tablet mit ausreichendem Datenvolumen. Hilfreich sind seniorengerechte Geräte mit extragroßen Symbolen und nur wenigen Funktionen. Diese können auch durch Externe aktualisiert werden, sodass die Pflegebedürftigen sich nicht um Updates kümmern müssen.

Einzelne dieser Hilfen werden von den Pflege- oder Krankenversicherern bezuschusst. Welche das sind und wie viel es gibt, ändert sich laufend. Fragen Sie bei Interesse, ob die Hilfe, für die Sie sich interessieren, als Digitale Pflegeanwendung (DiPA) verfügbar ist. Eventuell besteht sogar die Möglichkeit, dass Sie einen Zuschuss erhalten, wenn ein ärztliches Attest die Notwendigkeit bestätigt. Mehr zu Digitalen Pflegeanwendungen und der Voraussetzung für deren Erstattungsfähigkeit erfahren Sie auf der Webseite des Bundesamts für Arzneimittel und Medizinprodukte unter bfarm.de.

KOMPLETTPAKETE INKLUSIVE SUPPORT bieten zum Beispiel die deutschsprachigen Anbieter BeHome oder meinPAUL aus Deutschland, ProLiving Smart Home Plus aus der Schweiz oder EmmaHome aus Österreich. Deren Mitarbeitende bauen eine individuelle Kombination aus Hilfssystemen in Wohnung oder Haus ein, erklären die Bedienung und warten alle Geräte. Die Systeme können gekauft oder gemietet werden. Die Kosten sind abhängig von Wunschtechnik und Größe des Zuhauses. Beim Kauf können Zuschüsse der KfW genutzt werden.

Umbauten

Die meisten technischen Hilfen können einfach gekauft und genutzt werden. Etwas anders sieht es aus, wenn ganze Räume an die Pflege angepasst werden sollen. Besonders typisch ist das im Badezimmer der Fall. Teils wird auch der Boden in Wohn- und Schlafzimmer mit smarten Sensorfliesen unterlegt, die einen Sturz wahrnehmen und dann über ein smartes Gerät automatisch Hilfe rufen können. Solche Umbauten kosten in der Regel mehrere Tausend, teils sogar mehr als 10000 Euro. Zur Mitfinanzierung lassen sich verschiedene Fördermittel nutzen.

Fördermittel

Zuschüsse für seniorengerechte Umbauten gibt es von Pflegekassen, der Kreditanstalt für Wiederaufbau (KfW) sowie aus verschiedenen regionalen Fördertöpfen. Lassen Sie sich beraten und holen Sie Kostenvoranschläge ein. So können Sie die optimale Kombination an Zuschüssen ermitteln. In der Regel müssen Förderanträge erst bewilligt sein, bevor die Umbauten starten dürfen. Sind die Umbauten fertiggestellt und per Überweisung bezahlt, werden die Zuschüsse ausbezahlt.

Von der Pflegeversicherung können Sie 4000 Euro Zuschuss für Umbauten erhalten, die das Wohnumfeld verbessern. Er wird unabhängig vom Pflegegrad bei notwendigen Maßnahmen gewährt.

Die KfW bietet zur Auswahl einen Kredit – unabhängig vom Alter – in Höhe von maximal 50000 Euro oder einen Zuschuss für Maßnahmen zur Barriere-Reduzierung von maximal 6250 Euro. Bei Bedarf lässt sich der Kredit mit Maßnahmen für besseren Einbruchschutz kombinieren. Details und Antragsformulare finden Sie unter kfw.de.

Die Förderprogramme der Bundesländer und Kommunen ändern sich regelmäßig und sind oft zeitlich begrenzt. Informieren Sie sich bei den örtlichen Wohnberatungsstellen oder unter foerderdatenbank.de.

07

Andere Wohnformen mit Pflege

Ein gutes Pflegeheim finden

Nicht immer ist die Pflege zu Hause die beste Option. In einer guten Pflegeeinrichtung kann die Versorgung deutlich besser sein. Informieren Sie sich frühzeitig.

Es fällt vielen Menschen – Pflegebedürftigen wie Angehörigen – schwer, zu realisieren, dass das Leben zu Hause nicht mehr möglich ist. Manches ältere Paar und einige erwachsene Kinder quälen sich monate- oder jahrelang durch einen nervenzehrenden Pflegealltag, weil sie über ein Heim als Option möglichst gar nicht nachdenken wollen. Zu viele schlimme Geschichten von vernachlässigten und einsamen Pflegebedürftigen haben sie gehört. Das Pflegeheim gilt dann als allerletzte Möglichkeit, die sie aber eigentlich vermeiden möchten.

Solche Gedanken tun den vielen Pflegenden in guten Heimen unrecht, die Tag für Tag einen tollen Job machen und ihren Pflegebedürftigen einen schönen Lebensabend mit Rund-um-die-Uhr-Versorgung ermöglichen. Außerdem kann es äußerst problematisch werden, wenn es durch andauernde Überforderung im Pflegealltag zu Hause so weit kommt, dass die Hauptpflegeperson irgendwann zusammenbricht und plötzlich von heute auf morgen der nächstbeste Heimplatz genommen werden muss, der gerade frei ist, weil die Versorgung sonst nicht mehr möglich wäre. Dann tritt im schlimmsten Fall genau das ein, was die Betroffenen immer vermeiden wollten: Sie haben keine Wahl mehr, sondern müssen mit den Bedingungen in einem Heim leben, das sie nicht mögen.

Frühzeitig informieren

Um eine Ad-hoc-Entscheidung zu vermeiden, sollten Sie sich frühzeitig darüber informieren, welche Wohnmodelle mit Vor-Ort-Pflege es in der Umgebung gibt und welche davon für Ihre Familie am ehesten infrage kommen. Denn nur wenn Sie die verschiedenen Möglichkeiten kennen, können Sie eine sinnvolle Entscheidung treffen, die zu Ihnen passt.

Die Pflegeheime in der Nähe listen die Pflegefinder der Krankenversicherungen auf, etwa unter pflegelotse.de, aok.de/pk/pflegenavigator, pflegefinder.bkk-dachverband.de und pflegeberatung.de/pflegesuche.

Klicken Sie „Stationäre Pflegeeinrichtung" und „Vollstationäre Pflege" beziehungsweise „Pflegeheime" an und geben Sie die gewünschte Postleitzahl ein, um Heime im Umkreis zu finden. Auf Wunsch können Sie auch nach weiteren Suchkriterien filtern, etwa nach pflegerischen Schwerpunkten oder der Größe der Einrichtung. Anschließend werden Ihnen alle Heime im Umkreis mit Adresse, Größe und Höhe des Eigenanteils angezeigt. Unter „Details" können Sie den Qualitätsbericht der jüngsten Überprüfung einsehen.

Was kostet ein Pflegeheim?

In der Ergebnisliste fällt auf, dass mehrere Preise als Eigenanteil genannt werden, den Pflegebedürftige selbst bezahlen müssen. Das liegt am Abrechnungssystem für stationäre Pflege. Um das zu verstehen, müssen Interessierte Folgendes wissen:

Die Gesamtkosten für die Versorgung in einem Pflegeheim setzen sich aus mehreren Kategorien zusammen, und zwar erstens Pflege und Betreuung und zweitens Unterkunft und Verpflegung. Teils kommen noch Investitionskosten und eine Ausbildungsumlage hinzu.

Die Pflegeversicherung beteiligt sich grundsätzlich nur an den Kosten für Pflege und Betreuung. Je nach Pflegegrad zahlt sie einen Zuschuss in Höhe von 770 Euro (in Pflegegrad 2) bis 2005 Euro (in Pflegegrad 5) pro Monat. Die restlichen Pflegekosten sowie alle weiteren Kostenpunkte müssen Heimbewohner aus eigener Tasche finanzieren. Das ist der sogenannte Einrichtungseinheitliche Eigenanteil, kurz EEE oder einfach Eigenanteil genannt. „Einrichtungseinheitlich" heißt er deshalb, weil er sich nach einer speziellen Formel berechnet, die die Anzahl der Bewohner und deren Pflegebedarf mit einbezieht.

Heraus kommt ein Betrag, der für sämtliche Bewohner in den Pflegegraden 2 bis 5 in einem Heim gleich hoch ist. So wird niemand für einen höheren Pflegebedarf „bestraft", sondern alle zahlen den gleichen Anteil. Dieser liegt im deutschen Durchschnitt bei 2610 Euro, davon sind 1245 Euro die selbst zu zahlenden Pflegekosten (Stand: Juli 2023). Je nach Region schwanken die Eigenbeträge zwischen 2000 und 3000 Euro insgesamt pro Monat und einzelne Heime können – je nach Angebot – auch davon noch abweichen.

Eine Ausnahme gilt für Menschen mit Pflegegrad 1. Für sie zahlt die Pflegeversicherung keinen Zuschuss und deshalb berechnet sich auch ihr Eigenanteil nach einer anderen Formel als der für Pflegebedürftige mit höherem Pflegebedarf. Daher sind Heimplätze für Personen mit Pflegegrad 1 grundsätzlich teurer.

Da sich immer weniger Menschen die hohen Heimkosten leisten können, hat die Bundesregierung mit der kleinen Pflegereform im Jahr 2021 eine Entlastung für Pflegeheimbewohner beschlossen. Seitdem gibt es einen monatlichen Zuschuss zu den selbst zu zahlenden Pflegekosten. Dessen Höhe ist abhängig davon, wie lange jemand schon in einer Einrichtung mit stationärer Pflege lebt. Im ersten Wohnjahr beteiligt sich der Staat mit 15 Prozent an den selbst zu zahlenden Pflegekosten. Im deutschen Durchschnitt sinken diese somit von monatlich 1245 Euro auf 1058 Euro. Im zweiten Wohnjahr beträgt der Zuschuss 30 Prozent, im dritten 50 Prozent und ab dem vierten Wohnjahr 75 Prozent.

In den Pflegefindern wird grundsätzlich der Betrag als Eigenanteil genannt, der im ersten Wohnjahr zu zahlen ist. Die Investitionskosten kommen teils noch hinzu – das handhaben die Pflegefinder unterschiedlich. Auf pflegelotse.de lässt sich unkompliziert auch ein anderes Wohnjahr einstellen, falls jemand von einem Heim in ein anderes umziehen und dann die Preise vergleichen möchte. Die Wohnzeit aus dem vorherigen Heim wird nämlich beim Zuschuss im neuen Heim berücksichtigt

In Deutschland gilt der Grundsatz: Ambulant vor stationär. Damit die Pflegeversicherung die Versorgung in einem Pflegeheim bezuschusst, müssen Pflegebedürftige deshalb nachweisen, dass eine Versorgung zu Hause nicht oder nur unter erheblichen Einschränkungen möglich wäre. Das kann beispielsweise der Fall sein, wenn Angehörige und Pflegedienst eine adäquate Versorgung nicht gewährleisten können, weil bei vielen Kleinigkeiten im Alltag Hilfe gebraucht wird oder weil dafür größere Umbaumaßnahmen nötig wären, die nicht finanzierbar oder gewünscht sind. Diese Angaben werden in aller Regel nicht überprüft. Sie müssen sie lediglich schriftlich der Pflegeversicherung mitteilen.

Auswahl treffen

Pflegeheime sind in Deutschland nahezu flächendeckend vertreten. Doch Ausstattung und Qualität sind durchaus unterschiedlich. Auch die Preise schwanken stark, wobei teuer nicht immer gut heißen muss, sehr billig aber oft ein schlechtes Zeichen ist. Um eine gute Wahl zu treffen, vergleichen Sie verschiedene Heime miteinander.

Viele Pflegebedürftige und Angehörige sind überrascht, was Heime mittlerweile zu bieten haben. Einzelzimmer sind die Regel. Teils sind Zweierzimmer möglich, wenn Bewohner das bevorzugen. Manche Heime bieten auch Apartments für Paare an. Meist gibt es einen großen Garten, teils auch Balkone oder Terrassen an jedem Zimmer, und so gut wie immer ein eigenes Bad für jede Person. Häufig können die Zimmer individuell eingerichtet werden. Bei Bedarf werden ein höhenverstellbares Pflegebett und weitere Hilfsmittel zur Verfügung gestellt.

Aktionen wie Bastelnachmittage, Singkreise, Gottesdienste und Turngruppen sind üblich und freiwillig. Alle Heime müssen laut Gesetz auch Hilfs- und Betreuungskräfte ausschließlich für solche Freizeitaktivitäten einstellen. Denn es soll nicht nur die Pflege gewährleistet sein, sondern auch Lebensqualität. Teils gibt es Angebote für bestimmte Gruppen, wie Demenzgottesdienste oder Vorlesenachmittage für lesefreudige Bewohner in Kooperation mit nahe gelegenen Kitas. An den Mahlzeiten können oft auch Gäste teilnehmen, sodass ein soziales Miteinander von Heimbewohnern, Angehörigen und anderen Besuchern möglich ist.

Heimvertrag abschließen

Wenn sich Pflegebedürftige für ein Heim entscheiden, müssen sie vor dem Einzug einen Heimvertrag abschließen. Dafür macht das Gesetz strenge Vorgaben zugunsten der Pflegebedürftigen. Sie haben beispielsweise ein Anrecht darauf, sämtliche Angaben vor Vertragsabschluss schriftlich zu erhalten, und diese müssen dann später auch eingehalten werden. Sonst drohen hohe Strafen für die Heimbetreiber.

Achten Sie im Heimvertrag insbesondere auf folgende Auskünfte:

Lage und Ausstattung. Es muss deutlich werden, wie das Pflegeheim an den Verkehr angeschlossen ist (Parkplätze, Busverbindung), was es in der Umgebung gibt (Ärzte, Apotheke, Friseur) und wer ins Heim kommt (Ärzte, Fußpflege, Therapeuten). Falls es Kooperationen gibt, sollten diese genannt sein. Können oder müssen frühere Ärzte beibehalten werden? Außerdem ist entscheidend, welche technische Ausstattung das Heim hat, etwa Notrufanlage, Telefon- und Internetanschluss.

Zimmer. Eine genaue Zimmerbeschreibung ist Pflicht, also etwa Größe, Lage im Haus und vorhandene Einrichtung. Gibt es ein eigenes Bad und wie ist es ausgestattet? Werden Balkon oder Terrasse versprochen, muss das später auch eingehalten werden. Falls es Vorgaben gibt, welche Möbel mitgebracht werden dürfen, muss das ebenso genannt sein.

Pflege, Betreuung und Freizeit. Die genauen Leistungen der Pflege und Betreuung müssen genannt werden und es muss verständlich sein, was damit gemeint ist. Gibt es fest zugeordnete Pflegekräfte? Wie sind diese ausgebildet? Gibt es feste Aufsteh- und Schlafzeiten oder ist das ganz flexibel? Was kann in der Freizeit realistisch angeboten werden?

Mahlzeiten. Gibt es die Mahlzeiten ausschließlich im Gemeinschaftssaal oder dürfen Bewohner auch auf dem Zimmer essen? Wie flexibel sind die Zeiten? Wird besondere Kost angeboten, etwa für Diabetiker, Glutenunverträgliche oder Vegetarier? Dürfen Bewohner beim Zubereiten der Mahlzeiten helfen, wenn sie das wollen? Gibt es die Möglichkeit, auch unabhängig von festen Mahlzeiten, jederzeit etwas zu essen und vor allem auch zu trinken zu bekommen?

Qualitätsprüfung. Die Ergebnisse der Qualitätsprüfung durch den MD sollten unaufgefordert ausgehändigt werden und als Anhang Teil des Heimvertrags sein. Falls Sie Fragen zu einzelnen (schlechten) Ergebnissen haben, klären Sie diese vor Vertragsabschluss.

Finanzen. Sämtliche Kosten müssen verständlich aufgeschlüsselt werden – nach Eigenanteil für Pflege und Betreuung, Kosten für Wohnraum und Verpflegung, Investitionskosten und Ausbildungsumlage. Die Gesamtkosten pro Monat müssen ersichtlich sein. Falls zusätzliche Kosten anfallen, etwa für Aktionen oder Ausflüge, muss das genannt sein. Alltägliche Leistungen wie der Wäscheservice sollten inklusive sein. Auch Getränke sollte es jederzeit kostenlos geben. Eventuell gibt es besondere Regularien für Alkohol.

Falls im Vertrag andere Bedingungen genannt werden als gedacht, indem Ihnen beispielsweise ein Zimmer im dritten Stock ohne Balkon statt des vorher versprochenen ebenerdigen Zimmers mit Terrasse zugesagt wird, können Sie im Nachhinein die vorher versprochenen Leistungen einfordern. Das ist allerdings mit Aufwand verbunden. Vor dem Unterschreiben sollten Sie den Vertrag daher genau prüfen.

Dabei können Sie sich helfen lassen. Die Bundesinteressenvertretung für alte und pflegebedürftige Menschen e. V. (BIVA-Pflegeschutzbund) berät Mitglieder zu rechtlichen, finanziellen und allgemeinen Problemen im Pflegebereich und prüft auch Heimverträge. Eine Mitgliedschaft ist für jeden möglich und kostet 62 Euro im Jahr. Individuelle Beratungen von erfahrenen Juristinnen und Juristen sind dann kostenlos. Eine juristische Prüfung eines Vertrags kostet 70 Euro. Nichtmitglieder können eine kostenfreie Kurzberatung erhalten. Die Beratungen sind am Telefon, per E-Mail, Post oder über ein Onlinetool möglich. Details erfahren Sie online unter biva.de oder telefonisch unter 0228/90904844.

Sollten Sie unzufrieden sein, haben Sie die Möglichkeit, mithilfe der Allgemeinen Verbraucherschlichtungsstelle einen Vertragsstreit mit einem Pflegeheim außergerichtlich zu lösen. Das kann zum Beispiel nötig sein, wenn versprochene Leistungen nicht eingehalten werden. Heime und andere Unternehmer, die Wohnraum und Pflege aus einer Hand anbieten, müssen mit den Schlichtungsstellen zusammenarbeiten – es sei denn, sie haben das vorher vertraglich ausgeschlossen. In diesen Fällen bleibt Ihnen bei Problemen nur der Gang vors Gericht. Diese Option haben Sie übrigens auch, falls eine Schlichtung nichts bringen sollte. Weitere Informationen finden Sie unter universalschlichtungsstelle.de.

Ende des Vertrags

Jedes Heim ist verpflichtet, Bewohner auch dann weiter zu versorgen, wenn der Pflegebedarf deutlich steigt. Davon gibt es nur wenige Ausnahmen, beispielsweise können Pflegeheime im Vertrag manche komplizierten Pflegevarianten ausschließen, etwa Intensivbeatmungspflege. Sollte ein solcher Fall eintreten, kann die Heimleitung Sie bitten, die pflegebedürftige Person in eine spezialisierte Einrichtung zu verlegen.

Die Kündigungsfristen sind sehr verbraucherfreundlich. Das Heim kann den Vertrag nur unter ganz bestimmten Bedingungen aufkündigen. Das ist zum Beispiel der Fall, wenn der Betreiber das Heim schließen muss oder wenn Pflegebedürftige über mehrere Monate ihren Zahlungsverpflichtungen nicht nachkommen. Gut zu wissen: Angehörige dürfen in diesen Fällen nicht als Bürgen in die Pflicht genommen werden. Falls der Pflegebedarf einer Person erheblich gestiegen ist, diese sich aber weigert, eine erneute Begutachtung anzufordern, obwohl es sehr wahrscheinlich ist, dass sie einen höheren Pflegegrad und das Heim somit einen höheren Zuschuss für den Pflegeaufwand erhalten würde, kann das ebenfalls ein Grund zur Kündigung sein. Des Weiteren müssen Pflegebedürftige sich an die Hausordnung halten. Wer beispielsweise das Pflegepersonal angreift, ohne dass es dafür triftige Gründe gibt, muss ebenfalls mit einer Kündigung rechnen. Alle diese Fälle sind aber selten.

Bewohner dürfen den Vertrag binnen weniger Wochen kündigen, im Todesfall endet er automatisch am Todestag. Im Heimvertrag ist üblicherweise festgelegt, innerhalb welcher Frist das Zimmer geräumt werden muss. Manche Heime bieten an, persönliche Möbel, Kleidung und Gegenstände für eine Weile aufzubewahren, damit Angehörige sich zunächst um die Beerdigung kümmern können. In einem solchen Fall darf das Heim ein Aufbewahrungsentgelt erheben. Achten Sie bei Vertragsabschluss auch auf diese Details.

Betreutes Wohnen

Eine Art Zwischenform aus Zuhause und Pflegeheim ist Betreutes Wohnen, auch „Wohnen mit Service" genannt. Von wenig Hilfe im Haushalt bis hin zu umfangreichen Pflegeleistungen ist vieles möglich.

Betreutes Wohnen wird üblicherweise in Wohnkomplexen angeboten, in denen viele Pflegebedürftige in jeweils eigenen barrierefreien Wohnungen leben. Das Prinzip ist einfach und praktisch: In jeder Wohnung leben ein oder zwei Menschen zusammen, die beim Vermieter – zusätzlich zum normalen Mietvertrag – auch noch einen Versorgungsvertrag abschließen und dadurch so viel individuelle Hilfe und Pflege dazubuchen können, wie sie wollen. Beim Einzug ist das oft nur etwas Hilfe im Haushalt, später kann deutlich mehr Pflege hinzukommen. Eine Rund-um-die-Uhr-Versorgung ist allerdings meist nicht möglich.

Serviceleistungen nach Wahl

Ein Grundservice ist meist für alle Bewohner bereits in den Nebenkosten enthalten, beispielsweise ein Hausmeisterdienst und eine eigene Hausnotrufanlage. Es gibt auch häufig einen oder mehrere Gemeinschaftsräume im Erdgeschoss, die alle gemeinsam finanzieren und auf Wunsch nutzen können. Zusätzlich gibt es Wahlleistungen, wie Hilfe im Haushalt, Fahr- und Begleitdienste, Essensservice und klassische Pflege. Teils können die Serviceleistungen einzeln, teils nur als Dienstleistungspakete dazugebucht werden. Die Details sind vom Vertrag abhängig.

Anlagen für Betreutes Wohnen werden von verschiedenen Anbietern betrieben. Es kann sich dabei um ein klassisches Mehrfamilienhaus handeln, in dem die Wohnungen passend umgebaut wurden. Häufiger gibt es aber größere Wohnkomplexe mit mehreren dutzend Mietern in mehreren Häusern auf einem Gelände. Der angebotene Service wird dann für alle günstiger, da beispielsweise Garten und Gemeinschaftsräume von vielen Menschen mitfinanziert werden. Manchmal gibt es einen kleinen Park auf dem Gelände mit Café und Friseur. Hochpreisige Residenzen haben häufig sogar ein eigenes Schwimmbad, einen Konzertsaal, Restaurants und einen weitläufigen, privaten Park zu bieten. Entsprechend hoch sind die monatlichen Kosten.

Bei manchen Anlagen für Betreutes Wohnen sind die Wohnungen bereits möbliert. Oft können sie aber zumindest teilweise selbst eingerichtet werden. Die Wohnungen sind normalerweise barrierefrei und ein Hausnotruf ist vorhanden. Üblicherweise befinden sich unterschiedliche Wohnungsgrößen vom 1-Zimmer-Apartment bis zur großzügigen 3-Zimmer-Wohnung in einer Anlage, sodass Interessierte sich eine passende Wohnungsgröße auswählen können. Wenn ein Paar gemeinsam ins Betreute Wohnen zieht, gibt es teilweise die Möglichkeit, direkt vertraglich zu vereinbaren, dass ein Partner den Anspruch hat, in eine kleinere Wohnung im gleichen Komplex umzuziehen, wenn der andere Partner stirbt.

Pflege vor Ort

Die Pflege und Betreuung wird entweder von hauseigenen Pflege- und Hilfskräften übernommen oder es gibt eine Kooperation mit einem passenden Dienst. Meist wird die Pflege ambulant abgerechnet. Oft sind die Kosten dafür etwas niedriger als für klassische Pflegedienste, weil die Pflegekräfte keine oder nur geringe Anfahrtskosten berechnen. Ein weiterer Vorteil besteht darin, dass die Abrechnung und auch die Organisation meist einfacher ist, weil diese vom Anbieter übernommen wird.

Nicht selten befindet sich auf dem gleichen Gelände ebenfalls ein klassisches Pflegeheim des gleichen Betreibers. Wenn die Bewohner irgendwann mehr Unterstützung brauchen, als der Service des Betreuten Wohnens leisten kann, können sie relativ unkompliziert nach „nebenan" umziehen. Das ist sinnvoll, wenn Pflegebedürftige ihren Alltag kaum noch allein gestalten können. Dann profitieren sie meist mehr vom organisierten Alltag im Pflegeheim. Außerdem kann die stationäre Versorgung im Heim günstiger sein als die Finanzierung diverser Einzelhilfen im Betreuten Wohnen. Wenn Rund-um-die-Uhr-Betreuung nötig wird, ist ein Umzug meist unabdingbar.

Freizeitgestaltung

Wenn Bewohner Lust auf Gesellschaft haben, können sie unkompliziert die Gemeinschaftsräume aufsuchen und dort mit anderen Bewohnern plaudern, spielen oder auch gemeinsam essen. Oft haben Bewohner die Wahl, ob sie selbst kochen wollen oder eine Mahlzeit aus der Gemeinschaftsküche bevorzugen. Auch verschiedene Aktionen können freiwillig besucht werden. Manchmal werden diese ausschließlich von den Bewohnern beziehungsweise ihren Angehörigen organisiert, wie etwa Geburtstagsfeiern. Häufiger gibt es aber auch Angebote durch den Anbieter, die mitgestaltet werden können.

Betreutes Wohnen ist in den vergangenen Jahren stetig beliebter geworden, weil die Bewohner viele Vorteile miteinander verbinden können. Sie haben ihre eigenen vier Wände, können aber jederzeit in Kontakt zu anderen treten, ohne das Haus verlassen zu müssen. Die Häuser sind barrierefrei ausgestattet, sodass keine Umbauten nötig sind. Bei Bedarf kann schnell und unkompliziert mehr Hilfe und Pflege zugebucht werden. Und durch die Synergieeffekte der Gemeinschaft bleibt das Wohnen mit Service trotzdem bezahlbar.

Grundsätzlich sind die Kosten für Betreutes Wohnen stark von der Region, Größe und Ausstattung abhängig. Grob liegt der Mietpreis für Betreutes Wohnen einige Euro höher pro Quadratmeter als der übliche Mietspiegel der Region. Service-, Betreuungs- und Pflegeleistungen kommen noch hinzu. Der Gesamtpreis pro Monat kann somit zwischen weniger als 1000 und deutlich mehr als 2000 Euro schwanken. Einen Vergleich zwischen verschiedenen Wohnformen mit Pflege inklusive ungefähren Kosten finden Sie auf Seite 138.

Regularien

Da es sich bei Betreutem Wohnen üblicherweise nicht um Pflegeheime handelt, sondern um eigenständiges Wohnen mit ambulanter Pflege, fallen entsprechende Anlagen nicht unter das Heimgesetz. Die Anbieter haben daher deutlich mehr Gestaltungsspielraum. Zwar gibt es eine bundesweite Norm zum Betreuten Wohnen für ältere Menschen (DIN 77800), doch die Zertifizierung ist relativ aufwendig und teuer. Viele Anlagen orientieren sich zwar an den Vorgaben, lassen sich aber nicht offiziell zertifizieren. Wenn eine Anlage, die einen guten Eindruck macht, das Siegel nicht vorweisen kann, muss das also kein schlechtes Zeichen sein. In manchen Bundesländern gibt es auch andere Siegel, die teils schon älter sind als die DIN.

Wenn Sie sich für Betreutes Wohnen interessieren, können Sie im örtlichen Pflegestützpunkt erfahren, wo dieses in der Umgebung angeboten wird. Die Onlinesuchmöglichkeiten sind bisher nur sehr eingeschränkt vorhanden. Um sich einen persönlichen Eindruck zu verschaffen, ist ein Vor-Ort-Termin sinnvoll. Interessierte sollten auch genau überlegen, welche Services sie wirklich brauchen und regelmäßig nutzen wollen. Manches ist wirklich praktisch und somit sein Geld wert. Anderes klingt zwar schön, wird im Alltag dann aber doch nicht genutzt. Schauen Sie genau hin, wie individuell Services aus- und auch abgewählt werden können, damit möglichst nur das bezahlt werden muss, was auch tatsächlich gebraucht und genutzt wird.

Pflege-WG

In einer Pflege-Wohngemeinschaft ist viel normaler Alltag und doch eine 24-Stunden-Betreuung möglich. Für Menschen mit Demenz ist sie oft besonders geeignet.

Eine Pflege-WG ist eine sehr individuelle und immer beliebtere Wohnform mit Pflege. Wie zu Studentenzeiten ziehen mehrere Personen zusammen – jede in ein eigenes Zimmer. Die meist drei bis acht Pflegebedürftigen teilen sich die Küche und ein oder zwei Wohnzimmer. Badezimmer stehen meist mehrere zur Verfügung. Im Gegensatz zur Variante während Ausbildung oder Studium gibt es aber in der Regel keinen Streit über den Putzplan. Denn Angehörige und Hilfsdienste übernehmen den Großteil der Hausarbeit. Ein ambulanter Pflegedienst kommt täglich, sodass jeder Bewohner so viel Hilfe und Pflege erhält wie individuell nötig. Es gibt zwei Varianten, wie eine Pflege-WG organisiert werden kann:

Privat organisierte WGs. Angehörige mehrerer Pflegebedürftiger müssen passenden Wohnraum finden, ihn eventuell umbauen lassen und anschließend gemeinsam Hilfsdienste beauftragen. In dieser Variante bringen die Angehörigen sich meist sehr viel in den Pflegealltag ein. Das WG-Leben wird dadurch vergleichsweise günstig, da vor allem klassische Pflege von Profis geleistet wird und bezahlt werden muss.

Professionell organisierte WGs. Die häufigere Variante sind Wohngemeinschaften, die von Pflegediensten betrieben werden. Der Anbieter vermietet passende Räumlichkeiten, koordiniert den Alltag und leistet die nötige Pflege. Es ist immer eine sogenannte Präsenzkraft vor Ort, die bei Alltagstätigkeiten hilft. Eine 24-Stunden-Betreuung ist üblich. Oft haben solche Pflege-WGs einen Schwerpunkt, etwa Demenz.

Vorteile der Gemeinschaft

In einer Pflege-WG haben Pflegebedürftige weniger Mitbewohner als im Heim und deutlich mehr Möglichkeiten, den Alltag mitzugestalten. Vor allem Frauen entscheiden sich häufig für diese Variante. Sie leben nicht nur statistisch länger als Männer, sondern sie schätzen auch besonders die Möglichkeit, sich weiterhin im Haushalt „nützlich zu machen".

Wohnformen mit Pflege im Vergleich

Wenn mehrere Wohnformen mit Pflege zur Auswahl stehen, hilft ein Blick auf die Details bei der Entscheidung. Neben den Kosten gibt es eine Reihe anderer Aspekte, die ausschlaggebend sein können.

	Betreutes Wohnen	Pflege-WG	Stationäre Hausgemeinschaft	Pflegeheim
Geeignet für	Menschen mit geringem bis mittlerem Pflegebedarf, Paare mit unterschiedlichem Pflegebedarf.	Alleinstehende, die gerne Gesellschaft haben.	Menschen, die gerne Gesellschaft haben.	Menschen mit mittlerem bis hohem Pflegebedarf.
Art der Wohnung	Wohnung mit 1–3 Zimmern, Küche, Bad sowie Gemeinschaftsräume.	1 Zimmer mit Bad, Gemeinschaftsküche/-wohnräume.	1–2 Zimmer mit Bad, Gemeinschaftsküche/-wohnräume.	1 Zimmer mit Bad, teils Apartments für Paare, Gemeinschaftsräume.
Bewohneranzahl	Unterschiedlich, teils mehr als 12 pro Haus.	Meist 3–8 pro WG, teils mehrere pro Haus.	Meist 8–12 pro Wohneinheit, teils mehrere pro Haus.	Unterschiedlich, oft 50 oder mehr.
Hilfe und Pflege	Hauswirtschaft und Pflegedienst nach Bedarf, 24-h-Betreuung ist unüblich.	Hauswirtschaft und Pflegedienst nach Bedarf, 24-h-Betreuung ist üblich.	Hauswirtschaft und Pflege durch Festangestellte, 24-h-Betreuung ist üblich.	Hauswirtschaft und Pflege durch Festangestellte, 24-h-Betreuung ist üblich.
Mitarbeit von Angehörigen	Evtl. viel Mithilfe nötig, wenn diese nicht bezahlt werden kann oder soll.	Hilfe und Freizeitgestaltung möglich und erwünscht.	Wenig Hilfe nötig, Freizeitgestaltung möglich.	Wenig Hilfe nötig, Freizeitgestaltung teils möglich.
Ungefähre Kosten	400–1200 € Miete + 200–300 € Haushaltsgeld + individuelle Pflege.	300–600 € Miete + 200–400 € Haushaltsgeld + individuelle Pflege.	500–1200 € Miete + 200–400 € Haushaltsgeld + Pflegepauschale.	700–1200 € Unterkunft und Verpflegung + 300–600 € Investitionskosten + Pflegepauschale.
Geld von Pflegekasse und Staat	Meist ambulante Leistungen.	Ambulante Leistungen und Zuschuss für Pflege-WGs.	Stationärer Leistungsbetrag + staatlicher Zuschuss.	Stationärer Leistungsbetrag + staatlicher Zuschuss.

Typische Tätigkeiten wie Gemüse und Obst waschen und schnippeln, den Tisch decken, die Spülmaschine einräumen oder Handtücher falten muss zwar niemand ausführen, aber die Bewohner dürfen dabei helfen, wenn sie wollen. Vielen hilft das, um ihren Tag zu strukturieren. Insbesondere Menschen mit Demenz profitieren doppelt, da sie dadurch ihre Hände mit einer nützlichen Tätigkeit beschäftigen können.

Voraussetzungen fürs WG-Leben

Bestimmte Dinge gelten für Senioren mindestens genauso sehr wie für Studierende. Dazu gehört: Wer in eine WG zieht, muss kompromissbereit und konfliktfähig sein. Die Bewohner verbringen viel Zeit miteinander und die Angehörigen teilweise auch. Das kann wunderbar sein, weil insbesondere alleinstehende Pflegebedürftige dadurch nicht vereinsamen. Aber es bedeutet eben auch, dass jede und jeder sich ein bisschen anpassen muss. Wer es aus den vergangenen Jahrzehnten gewohnt ist, alles immer auf die gleiche Weise um die gleiche Zeit zu erledigen, muss sich wahrscheinlich in einigen Details umstellen. Das zählt allerdings für ein Pflegeheim meist genauso wie für eine WG.

IN EINER PFLEGE-WG gilt das Heimrecht meist nicht, weil dort ambulante Pflege und Unterstützung geleistet werden. Welche Kriterien eine WG dann erfüllen muss, ist wiederum vom Bundesland abhängig. Teils fallen die WGs unter die Heimaufsicht, oft jedoch nicht. Wenn Sie es genau wissen wollen, fragen Sie im örtlichen Pflegestützpunkt nach. Das ist besonders wichtig, falls Sie selbst eine Pflege-WG gründen möchten.

Wenn eine Pflege-WG interessant klingt, sollten Sie sich als Angehörige Gedanken darüber machen, wie viel Mithilfe Sie gerne leisten würden. In vielen professionell organisierten Pflege-WGs werden die typischen Alltagstätigkeiten im Haushalt von Hilfsdiensten erledigt. Sie müssen also nur überlegen, ob und wie Sie sich bei der Freizeitgestaltung einbringen wollen. Teils ist das explizit gewünscht.

Bei privat organisierten Pflege-WGs ist es hingegen meist erforderlich, dass Angehörige einen Teil der Organisationsarbeit übernehmen. Reparaturen, Neuanschaffungen, Garten- und Haustierpflege sind typische Posten, die vergeben werden. Die Abrechnungen mit dem Pflegedienst muss jemand erledigen und hin und wieder sind neue Leistungen zu organisieren. Die Freizeitgestaltung kommt noch hinzu.

Eine Pflege-WG finden

Einen Platz in einer passenden Pflege-WG zu finden, ist nicht ganz leicht. Das Interesse übertrifft seit Jahren das Angebot. Viele Anbieter haben Wartelisten. Aber es wird einiges neu gebaut oder umgewidmet. Ob und was es in der Nähe gibt, können Sie am besten bei den örtlichen Wohlfahrtsverbänden erfragen, die die Pflege-WGs häufig betreiben. Oft haben Pflegestützpunkte Listen der örtlichen Anbieter. Manche freien Kapazitäten werden auch im Internet veröffentlicht. Anlaufstellen sind die Webseiten wohnen-im-alter.de, seniorenwohngemeinschaften.de und faw-demenz-wg.de für professionell organisierte Pflege-WGs sowie die Seiten seniorenwg-gold.de und wg-gesucht.de (mit Filter) für private.

Selbst gründen

Sie können selbst eine Pflege-WG gründen. Planung und Wohnraumsuche oder -umbau erfordern allerdings etwas Zeit. Je nach Bundesland müssen Sie außerdem rechtliche Vorgaben bedenken, beispielsweise zum Feuerschutz. Hierzu sollten Sie sich vor Ort beraten lassen.

Außerdem müssen Sie sich Gedanken über die passende Rechtsform und die Mietvariante machen. Damit mehrere Pflegebedürftige reibungslos Hilfs- und Pflegedienste beauftragen können, müssen sie juristisch handlungsfähig sein. Am einfachsten geht das, indem Sie eine Gesellschaft bürgerlichen Rechts (GbR) gründen. Mit zwei Personen ist die Mindestanzahl an Mitgliedern erfüllt. Als GbR können Sie schriftlich festhalten, wie Sie die Pflege-WG organisieren wollen, wer wozu berechtigt ist und wie es weitergeht, wenn ein Mitbewohner stirbt oder umziehen möchte. Außerdem können Sie die Finanzen schriftlich festlegen.

Wenn Sie gemeinschaftlich Wohnraum anmieten wollen, müssen Sie sich für eine Mietvariante entscheiden. Sie können entweder einen Hauptmieter bestimmen, der einzelne Zimmer an die Mitbewohner weitervermietet. Das bedeutet relativ viel Kontrolle für den Hauptmieter und relativ wenig Mitspracherecht für die Untermieter. Wenn stattdessen alle Bewohner gleichberechtigte Hauptmieter sind, können und müssen sie auch alle Entscheidungen einstimmig fällen. Außerdem haften sie füreinander. Theoretisch ist es als dritte Variante auch möglich, dass jede Person einen eigenen Mietvertrag fürs Zimmer und zusätzlich alle zusammen noch einen Mietvertrag für die Gemeinschaftsräume abschließen. Das ist aber recht aufwendig und in der Praxis eher unüblich.

Wenn Sie ein eigenes Haus zur Pflege-WG umfunktionieren wollen, können Sie als Besitzer einzelne Mietverträge mit den Bewohnern abschließen. Vorher sind meist größere Umbauten nötig. Diese können Sie sich von der Pflegeversicherung bezuschussen lassen. Denn Pflege-WG-Gründer können bis zu 2500 Euro pro Bewohner für Umbaumaßnahmen erhalten. Bis zu vier Bewohner dürfen sich pro Gebäude zusammentun. Somit sind Gründungszuschüsse von bis zu 10000 Euro möglich. Wie üblich müssen die Arbeiten im Vorhinein genehmigt werden. Wer als Startschuss einen Kredit braucht, kann bis zu 50000 Euro von der Kreditanstalt für Wiederaufbau erhalten. Details finden Sie unter kfw.de.

Eine Variante ist noch das Mehrgenerationen-Wohnen. Dabei wohnen Menschen aus mehreren Generationen in einem Mehrfamilienhaus mit Gemeinschaftsräumen in jeweils eigenen Zimmern oder Apartments zusammen. Hilfskräfte unterstützen jede Partei nach Bedarf. Außerdem hilft man sich gegenseitig, etwa indem die Jüngeren für die Älteren einkaufen und die Senioren den Kindern zwischendurch vorlesen. Diese Variante ist aber nur für Menschen mit geringem Pflegebedarf geeignet.

Stationäre Hausgemeinschaft

Diese Variante ist eine Art Abwandlung vom Pflegeheim. Der größte Unterschied besteht darin, dass weniger Menschen zusammenwohnen und sie sich mehr einbringen können.

Eine stationäre Hausgemeinschaft kann man sich wie eine Art große Pflege-WG, aber mit fest angestellten Pflege- und Hilfskräften vorstellen. Häufig wohnen acht bis zwölf Personen in einer Hausgemeinschaft, teils auf einer, teils auf mehreren Etagen. Auch hier hat jede Person ein bis zwei Zimmer mit eigenem Bad. Weitere Räume werden geteilt. Pflege- und Hilfskräfte leisten rund um die Uhr die nötige Unterstützung.

Mehr Mitbestimmung

Ein entscheidender Unterschied zum Heim besteht darin, dass die Bewohner sich mehr in die typischen Haushaltstätigkeiten einbringen und mehr mitbestimmen können. Es gibt zwar Gemeinschaftsmahlzeiten, aber bei der Zubereitung darf mitgeholfen werden. Im Idealfall dürfen die

Bewohner auch mitbestimmen, was es gibt. Häufig steht im Vertrag, dass Pflege, Betreuung, Begleitung und Haushalt gleichwertig nebeneinander stehen sollen. Es wird also das umgesetzt, was sich viele Menschen auch von jedem Pflegeheim wünschen würden. Manchmal wird die stationäre Hausgemeinschaft daher auch als vierte Generation des Altenpflegeheims bezeichnet.

Grundsätzlich gibt es nur einen Vertrag, in dem alles geregelt ist – so wie beim Pflegeheim. Ebenso findet die Abrechnung statt. Die Pflegeversicherung zahlt den stationären Leistungsbetrag und die Bewohner zahlen einen monatlichen Eigenanteil für Pflege, Unterkunft, Verpflegung und Investitionen. Der staatliche Zuschuss wird auch für stationäre Hausgemeinschaften gewährt. Das Heimgesetz ist gültig.

Präsenzkräfte sind da

Für stationäre Hausgemeinschaften sind – so wie für Pflege-Wohngemeinschaften – die sogenannten Präsenzkräfte besonders wichtig. Diese Hilfskräfte mit einer pflegerischen Ausbildung kaufen ein, kochen mit den Bewohnern, unterstützen beim Waschen, Aufhängen, Bügeln und Falten der Wäsche und helfen bei vielen Kleinigkeiten zwischendurch. Sie leisten damit keine klassische Pflege, sondern sind dort „präsent", wo sie gebraucht werden.

Die Präsenzkräfte sind auch für die Unterstützung bei Freizeitaktivitäten da. Sie lesen den Bewohnern vor, basteln, singen oder spielen mit ihnen. Ob sich jemand in einer Wohn- oder Hausgemeinschaft wohlfühlt, hat daher sehr oft mit der Arbeit der Präsenzkräfte zu tun. Wenn sie empathisch, zugewandt und freundlich sind, können sie eine warmherzige Atmosphäre verbreiten, die guttut. Sind sie häufiger ungeduldig oder greifen zu oft ein, kann ihre Arbeit schnell übergriffig wirken. Die richtige Balance ist sehr individuell und erfordert ein hohes Maß an Fingerspitzengefühl. Wenn Sie eine Wohn- oder Hausgemeinschaft besichtigen, achten Sie daher besonders auf die Arbeit der Präsenzkräfte.

Planung des Umzugs

Ein Umzug bedeutet immer viel Organisation, die oft mit Stress einhergeht. Wenn Pflegebedürftige – oft nach langer Überlegung und manchmal nicht ganz freiwillig – in eine Wohnform mit Pflege umziehen, wird der Stress meist dadurch potenziert, dass vieles aussortiert werden muss. Auf der folgenden Seite finden Sie einige Tipps, was Sie beachten können, um den Stress etwas zu reduzieren.

Umzug organisieren

Wenn Senioren in eine Wohnform mit Pflege ziehen, haben sie oft jahrzehntelang in den gleichen vier Wänden gewohnt. Für diese Herausforderung ist Planung das A und O.

Oft dauert es mehrere Monate, bis der Haushalt sortiert und schlussendlich aufgelöst ist. Die meisten Angehörigen fürchten sich zurecht vor der Sisyphusarbeit, die damit auf sie zukommt. Aber es hilft nichts. Irgendwann ist es so weit und dann hilft nur planvolles Vorgehen:

Fristen beachten. Die Kündigungsfrist für Mietwohnungen beträgt meist drei Monate. Überschlagen Sie, wie viel Zeit Sie für die Haushaltsauflösung vermutlich brauchen werden, und addieren Sie einen Monat hinzu. Kündigen Sie entsprechend passend.

Verträge prüfen. Planen Sie frühzeitig, welche Verträge gekündigt werden können. Neben Strom, Telefon, Rundfunkbeitrag, Gas und Internet werden meist einige Versicherungen überflüssig. Auch Daueraufträge sollten Sie rechtzeitig anpassen, löschen oder neu aufsetzen.

Absprachen mit neuer Wohnform. Möbel, die nicht mit ins neue Zuhause genommen werden sollen, können Sie vor dem Umzug schon leer räumen und verkaufen, verschenken oder zum Sperrmüll bringen.

Wichtige Kontakte informieren. Machen Sie eine Liste, wer über die neue Adresse informiert werden soll. Das sind üblicherweise: Ärzte, Banken, Einwohnermeldeamt, Finanzamt, Gemeinde, Kranken- und Pflegeversicherung, Versicherungen, Anbieter von Zeitschriftenabonnements und Freunde. Stellen Sie bei der Post einen Nachsendeauftrag.

Raum für Raum. Gehen Sie – möglichst mit der pflegebedürftigen Person zusammen – jedes Möbelstück in jedem Raum durch und sortieren Sie den Inhalt in eine von drei Kategorien: Behalten, weg tun, noch mal nachdenken. Räumen Sie am besten alles aus Kategorie 3 in Kartons, die in ein Lager wandern. Nur wenn explizit etwas vermisst wird, holen Sie es aus dem Lager. Ansonsten können die Kisten nach dem Umzug weg.

08

Wenn die Leistungen nicht reichen

Die Leistungen anderer Versicherer

Ein Pflegebedarf wird häufig von mindestens einer Erkrankung begleitet. Leistungen der Krankenversicherung gibt es stets zusätzlich. Wer eine private Pflegezusatzversicherung hat, bekommt weitere Zuschüsse.

Die klaren Zuständigkeiten im deutschen Gesundheitssystem haben ihre Vor- und Nachteile. Ein Vorteil ist, dass die Krankenversicherung ihre Leistungen grundsätzlich zusätzlich zu denen der Pflegeversicherung gewährt. Sie kann somit eine wichtige, finanzielle Ergänzung darstellen. Das gilt für gesetzlich und privat Versicherte.

Leistungen der Krankenversicherung

Die Krankenversicherung ist immer dann zuständig, wenn eine Krankheit gelindert oder deren Verschlimmerung verhindert werden soll. Wenn sich eine pflegebedürftige Person beispielsweise den Arm bricht, dann finanziert die Krankenversicherung nicht nur den Aufenthalt und die Behandlung im Krankenhaus, sondern auch die nötigen Hilfsmittel, eine Reha-Maßnahme, bei Bedarf auch die nötige Grundpflege und eventuell sogar eine Haushaltshilfe für die Zeit der Genesung. Alle diese Hilfen werden unabhängig von einem Pflegegrad gewährt, weil es sich um eine Erkrankung handelt, die gezielt behandelt werden kann und dadurch eine Chance auf Besserung besteht.

Bei manchen Erkrankungen ist die Grenze allerdings schwer zu sehen. Nach einem Schlaganfall beispielsweise ist häufig nicht sofort absehbar, ob der Körper dauerhafte oder vorübergehende Schäden davongetragen hat und wie gut die betroffene Person sich wieder erholen wird.

DIE HAUSARZTPRAXIS IST die wichtigste Anlaufstelle. Diese kann nötige Maßnahmen grundsätzlich verschreiben, sodass Betroffene möglichst schnell Hilfe erhalten. Das ist besonders gut, wenn (noch) kein Pflegegrad vorliegt, damit überhaupt erst mal Hilfe kommt. Die Krankenversicherung übernimmt in aller Regel die Kosten.

Insbesondere in der Zwischenzeit, wenn ein Pflegegrad beantragt ist, aber noch keine Begutachtung stattgefunden hat, ist es mithilfe einer ärztlichen Verschreibung meist deutlich schneller möglich, Hilfe zu erhalten, als wenn Betroffene auf den Bescheid der Pflegeversicherung warten. Auch ein Kurzzeitpflegeplatz kann – unabhängig von einem Pflegegrad – von der Krankenversicherung finanziert werden, wenn die Pflege zur Weiterversorgung nach einer akuten Erkrankung oder einem Unfall notwendig ist.

Je nach Situation ist es auch möglich, dass Pflegebedürftige parallel Leistungen von Pflege- und Krankenversicherung erhalten. Oder dass ein Angehöriger einen Rollator von der Kranken- und ein anderer Angehöriger einen Rollator von der Pflegeversicherung bezahlt bekommt. Das kann zu Verwirrung führen.

Wenn Sie wissen möchten, welche Versicherung grundsätzlich welche Hilfsmittel finanziert, können Sie das im Hilfsmittelverzeichnis des GKV-Spitzenverbands unter hilfsmittel.gkv-spitzenverband.de/home überprüfen. Wie der Name schon sagt, handelt es sich bei den Pflegehilfsmitteln (ab Ziffer 50) um Hilfen bei der Pflege, die von der Pflegekasse finanziert werden. Für diese müssen Antragstellende bis zu 25 Euro Eigenanteil bezahlen. Die anderen Hilfsmittel kommen unabhängig von einem Pflegebedarf infrage und werden von den Krankenkassen bezahlt. Hier liegt der Eigenanteil bei maximal 10 Euro.

Falls Sie unsicher sind, wo Sie einen bestimmten Antrag stellen sollen, können Sie wahlweise bei der Krankenversicherung selbst nachfragen oder sich neutral und kostenfrei bei der Unabhängigen Patientenberatung informieren. Falls Sie einen Antrag an die „falsche" Versicherung stellen, leitet diese die Anfrage meist unkompliziert an die richtigen Kollegen weiter.

Geld von einer Zusatzversicherung

Wer eine private Pflegezusatzversicherung abgeschlossen hat, kann zusätzliche Leistungen erhalten, sobald ein Pflegegrad vorliegt. Prüfen Sie, ob es eine solche gibt. Das ist besonders wichtig, falls die pflegebedürftige Person eine Demenz hat und womöglich vergessen hat, dass sie eine passende Versicherung abgeschlossen hat. Es gibt drei Varianten:

Pflegetagegeld-Versicherung. Die Versicherung zahlt einen monatlichen Geldbetrag aus, der frei verwendet werden darf. Meist ist der Betrag abhängig vom Pflegegrad, teils wird aber auch ein Pauschalbetrag ausbezahlt. Das ist abhängig vom Vertrag. Üblicherweise müssen die

Beiträge auch im Pflegefall weiterbezahlt werden. Gute Tarife werden regelmäßig von der Stiftung Warentest ermittelt und die Ergebnisse unter test.de veröffentlicht. Der sogenannte Pflege-Bahr ist eine staatlich geförderte Pflegetagegeld-Versicherung.

Pflegerenten-Versicherung. Die Pflegerenten-Versicherung funktioniert so ähnlich wie die Tagegeld-Versicherung, ist aber flexibler für beide Seiten. Im Versicherungsfall müssen in der Regel keine Beiträge mehr geleistet werden. Dadurch ist die Pflegerenten-Versicherung aber meist auch deutlich teurer als eine Tagegeld-Versicherung. Falls es eine solche Versicherung gibt, melden Sie sich dort, sobald ein Pflegegrad vorliegt, damit keine überflüssigen Beiträge bezahlt werden.

Pflegekosten-Versicherung. Als einzige übernimmt die Pflegekosten-Versicherung bei einem guten Vertrag sämtliche anfallenden Pflegekosten, die nicht von anderen Versicherungen bezahlt werden. Die genauen Kosten müssen also nachgewiesen werden und werden dann finanziert. Meist gibt es allerdings einen jährlichen Höchstsatz. Der Nachteil ist ein höherer Aufwand. Hinweis: Wenn Angehörige im Job kürzertreten, um zu pflegen, können die finanziellen Einbußen meist nicht als Pflegekosten abgerechnet werden.

Wenn eine Pflegezusatzversicherung abgeschlossen wurde, bestand in vielen Fällen noch das alte System der Pflegestufen. Die Höhe der Auszahlung wird aber teils am Pflegegrad festgemacht. Die „Umrechnung" sollte automatisch erfolgen und zwar so:

Die früheren Pflegestufen 0 und 1 werden zum neuen Pflegegrad 2. Die früheren Pflegestufen 1 + Demenz und 2 werden zu Pflegegrad 3. Die früheren Pflegestufen 2 + Demenz und 3 werden zu Pflegegrad 4. Die frühere Pflegestufe 3 + Demenz sowie Härtefälle werden zu Pflegegrad 5.

Manche Versicherer zahlen erst ab Pflegegrad 2. Bei einigen muss eine Wartezeit von mehreren Jahren erfüllt sein, bevor Leistungen ausbezahlt werden. Prüfen Sie einen Vertrag daraufhin. Wenn die Wartezeit bereits erfüllt oder nicht vorhanden ist, können Sie die Zusatzgelder mit dem Bescheid über den Pflegegrad direkt beantragen. Falls die Wartezeit noch nicht erfüllt ist, lohnt es sich meist, die Versicherung noch bis zum fälligen Datum zu behalten und dann erst die Auszahlung zu beantragen.

Hilfe vom Staat

Der Staat leistet verschiedene Zuschüsse, wenn das eigene Geld nicht reicht, um das Leben zu finanzieren. Für Pflegebedürftige kommen drei Varianten infrage: Hilfe zur Pflege, Wohngeld und Grundsicherung im Alter.

Neben den Pflegeversicherungen unterstützt auch der Staat direkt oder indirekt Pflegebedürftige und ihre Angehörigen bei der Finanzierung der Pflege. Wenn Einkommen und Vermögen nicht ausreichen, um die nötige Unterstützung zu finanzieren, können ältere Pflegebedürftige bis zu drei Zuschüsse vom Staat beantragen. Die Hilfe zur Pflege ist, wie der Name schon sagt, explizit zur Finanzierung von Pflegeleistungen gedacht. Wohngeld und Grundsicherung im Alter leisten Zuschüsse zu Lebenshaltungskosten. In manchen Bundesländern gibt es weitere Zuschüsse, etwa das Pflegewohngeld für Heimbewohner.

Hilfe zur Pflege

Wenn Pflegebedürftige mit einem Pflegegrad zwischen 2 und 5 mehr Pflege brauchen, als die Pflegeversicherung übernimmt, diese aber nicht aus eigener Tasche bezahlen können, haben sie Anspruch auf Hilfe zur Pflege. Das Sozialamt übernimmt dann auf Antrag alle nötigen Kosten für ambulante und stationäre Pflege, damit Betroffene die Unterstützung bekommen, die sie brauchen. Wenn jemand kürzer als sechs Monate Pflege braucht und daher keinen Anspruch auf Geld von der Pflegeversicherung hat, übernimmt der Staat sämtliche Pflegekosten.

Um die Hilfe zu bekommen, müssen Pflegebedürftige einen Antrag beim Sozialamt stellen und nachweisen, dass sie die Kosten nicht selbst bezahlen können. Betroffene dürfen nur ein bestimmtes Maximalbudget zur Verfügung haben. Das sind 1126 Euro pro Monat (im Jahr 2024) plus Wohnkosten und eventuell ein Familienzuschlag. Als Schonvermögen sind 10 000 Euro plus weitere 10 000 Euro für Partner oder Partnerin gestattet. Zusätzlich sind bestimmte Vorsorgeprodukte und Altersrücklagen geschützt. Eine eigene Immobilie darf behalten werden, wenn die pflegebedürftige Person oder Partner oder Partnerin darin wohnt. Als Nachweis müssen Antragstellende ihre Finanzsituation darlegen. Geregelt ist dies im zwölften Sozialgesetzbuch in den Paragrafen 61 bis 66a.

Gut zu wissen: Erwachsene Kinder müssen nur dann einen Teil der Pflegekosten übernehmen, wenn sie mehr als 100 000 Euro Einkommen pro Jahr haben. Das Vermögen ist irrelevant. Das Einkommen und Vermögen von Schwiegerkindern ebenfalls.

Wohngeld

Unter bestimmten Bedingungen können Pflegebedürftige auch Wohngeld erhalten, also einen Zuschuss zur Miete. Die Regelungen haben sich im Jahr 2023 verbessert, sodass nun mehr Menschen Anspruch darauf haben. Auch Pflegeheimbewohner können Wohngeld erhalten, das nach einem festgelegten Verfahren berechnet wird. In allen Fällen wird berücksichtigt, dass die Mieten je nach Region innerhalb Deutschlands unterschiedlich hoch sind.

Ob ein Anspruch besteht, können Interessierte mit dem Wohngeldrechner des Bundesministeriums für Wohnen, Stadtentwicklung und Bauwesen unter bmwsb.bund.de herausfinden. Der Antrag wird beim örtlichen Sozialamt gestellt.

Spezialfall Pflegewohngeld

In den Bundesländern Mecklenburg-Vorpommern, Nordrhein-Westfalen und Schleswig-Holstein können Heimbewohner das sogenannte Pflegewohngeld beantragen. Es wird bei geringem Einkommen und Vermögen gezahlt, um die Investitionskosten zu decken, und wird vorrangig vor anderen staatlichen Hilfen gewährt. Die Höhe des Zuschusses wird individuell berechnet. Die genauen Regelungen sind in den jeweiligen Landesgesetzen festgelegt. Details weiß das örtliche Sozialamt.

Grundsicherung im Alter

Reichen die genannten Hilfen nicht aus, gibt es die Grundsicherung im Alter. Sie soll das Existenzminimum sichern und wird unabhängig von einem Pflegegrad gewährt. Wie viel Grundsicherung der Staat zahlt, hängt vom individuellen Bedarf ab. Es werden Miet- und Nebenkosten, Pflege- und Krankenversicherungsbeiträge übernommen und ein Beitrag für die Lebenshaltung überwiesen. Einkünfte werden gegengerechnet.

Einen Anspruch haben Menschen, die entweder voll erwerbsgemindert sind oder die Regelaltersgrenze erreicht haben und nur ein geringes Einkommen haben. Die Deutsche Rentenversicherung rät auf ihrer Webseite unter deutsche-rentenversicherung.de, dass alle Menschen ihren Anspruch auf Grundsicherung prüfen lassen sollten, die weniger als 924 Euro monatliches Einkommen haben.

Persönliches Budget

Menschen mit einer Behinderung oder einer chronischen Erkrankung, die regelmäßig Hilfe im Alltag brauchen, können – unabhängig von weiteren Leistungen – ein sogenanntes Persönliches Budget beantragen. Mit diesem Betrag können sie individuell nötige Unterstützung finanzieren, beispielsweise Alltagshelfer. Wie viel Geld es gibt, hängt von den Umständen ab. Die Details können Sie in einer Broschüre des Bundesministeriums für Arbeit und Soziales, zu finden unter bmas.de, Suchwort: Budget, oder auf einfach-teilhaben.de nachlesen. Dort steht auch, wo das Budget beantragt werden muss. Das ist je nach Fall unterschiedlich.

Schwerbehinderten-ausweis

Menschen mit einer anerkannten schweren Behinderung erhalten finanzielle und organisatorische Erleichterungen im Alltag. Viele wissen nicht, worauf sie Anspruch hätten.

Viele Menschen kennen die mit einem weißen Rollstuhl auf blauem Grund gekennzeichneten Parkplätze nahe am Eingang von Geschäften oder Theatern, die nur mit einem speziellen Ausweis genutzt werden dürfen. Dies ist einer von verschiedenen Erleichterungen, die Menschen mit einer anerkannten schweren Behinderung in Deutschland erhalten, um die Einschränkungen durch die Behinderung abzumildern.

Was viele nicht wissen: Auch andere Einschränkungen in einer gewissen Ausprägung können passende Ausgleiche im Alltag mit sich bringen, etwa eine deutlich vergünstigte oder sogar kostenlose Nutzung des öffentlichen Nahverkehrs, Steuererleichterungen, pauschale Zuschüsse oder die Erlaubnis, kostenlos eine Begleitperson mitzunehmen, egal, ob im Bus, im Flugzeug oder im Konzert. Voraussetzung für die Erleichterungen ist ein Schwerbehindertenausweis. Um den Schwerbehindertenausweis zu erhalten, müssen Einschränkungen in einer gewissen Schwere vorliegen. Diese werden als Grad der Behinderung, kurz GdB, in

10er-Schritten bis maximal 100 angegeben. Ab einem GdB von 50 spricht das Gesetz von einer Schwerbehinderung. Auf der Rückseite des Ausweises sind verschiedene Merkzeichen aufgedruckt, die vom Grad der Behinderung abhängen. Eine ausführliche Beschreibung der Merkzeichen finden Sie unter schwerbehindertenausweis.de.

Alterstypische Einschränkungen wie ein lückenhaftes Gedächtnis oder eine eingeschränkte Beweglichkeit zählen zwar nicht als Behinderung. Aber die Folgen, etwa eine Gehbehinderung, Hörschäden, Augenerkrankungen, Schmerzsyndrome oder Hilflosigkeit aufgrund einer Demenz, können als sogenannte erworbene Behinderung gelten. Treten sie in einer gewissen Schwere beziehungsweise in Kombinationen auf, die eine deutliche Einschränkung im Alltag bedeuten, können diese zu einem Schwerbehindertenausweis und somit zu Erleichterungen im Alltag berechtigen.

Ob ein Anspruch besteht, können die Hausärzte am besten einschätzen. Weitere Informationen bietet beispielsweise die Webseite einfach-teilhaben.de unter dem Suchwort „Schwerbehinderung". Einen Antrag müssen Betroffene beim zuständigen Versorgungsamt stellen.

Steuervorteile

Pflegebedürftige und ihre Angehörigen können Pflegekosten von der Steuer absetzen. Das geht pauschal oder durch den Nachweis konkreter Kosten ab einer gewissen Höhe.

Auch wenn die Pflegeversicherung einige Zuschüsse zahlt, ist es doch meist so, dass Pflegebedürftige einen Teil ihrer Pflegekosten aus eigener Tasche bezahlen müssen. Auch Angehörige haben häufig Extrakosten beziehungsweise Gehaltseinbußen. Ein Teil dieser Kosten lässt sich in der Steuererklärung angeben, um Steuern zu sparen. Dafür haben Betroffene – je nach Situation – verschiedene Möglichkeiten.

Pflegebedürftige: Außergewöhnliche Belastung

Wenn Pflegebedürftige eine bestimmte Mindesthöhe ihrer Einkünfte für die Pflege ausgeben, können sie diese Kosten als außergewöhnliche

Belastung steuerlich geltend machen. Einen gewissen Anteil müssen alle Menschen für die Erfüllung ihrer Bedürfnisse selbst bezahlen. Das ist die sogenannte zumutbare Belastung. Deren Höhe ist abhängig von Familienstand und Einkommen (siehe Tabelle Seite 153). Nur Ausgaben, die diese zumutbare Belastung überschreiten, wirken sich steuerlich aus.

Wer Pflegekosten von der Steuer absetzen will, muss nachweisen, dass die Ausgaben nötig waren und zwangsläufig entstanden sind. Dazu reicht der Bescheid des MD über einen Pflegegrad aus. Steuerzahlende ohne Pflegegrad brauchen ein Attest vom Amtsarzt.

Alle privaten Ausgaben für die Pflege müssen einzeln in die Steuererklärung eingetragen werden als Nachweis, dass die Grenze der zumutbaren Belastung überschritten wurde. Die Rechnungen müssen Sie nicht mehr mit der Steuererklärung abgeben. Sie sollten sie aber aufbewahren, falls das Finanzamt Belege nachfordert. Um einschätzen zu können, ob der Aufwand sich lohnt, helfen kostenlose Rechner der eigenen zumutbaren Belastung im Internet. Auch die Stiftung Warentest bietet einen Rechner an unter test.de/zumutbare-belastung.

Pauschale für Menschen mit Behinderung

Pflegebedürftige, die eine anerkannte Behinderung haben, können wählen, ob sie ihre Ausgaben als außergewöhnliche Belastung geltend machen oder lieber eine unkomplizierte Pauschale in Anspruch nehmen wollen. Den Behindertenpauschbetrag können Betroffene je nach Grad der Behinderung erhalten, ohne dass ein Eigenanteil abgeht oder konkrete Ausgaben nachgewiesen werden müssen. Der Pauschbetrag beträgt zwischen 384 und 2840 Euro. Blinde und Hilflose können unabhängig vom GdB 7400 Euro erhalten. Ehepaare können den Pauschbetrag hälftig unter sich aufteilen, wenn sie sich einzeln veranlagen lassen.

Umbau und Umzug absetzen

Pflegebedürftige, die ihre vier Wände barrierefrei umgestalten lassen, können die Kosten dafür von der Steuer absetzen. Das geht allerdings nur für den Anteil, der nicht bereits von Pflege- oder Krankenkasse übernommen wurde.

Wer in ein Pflegeheim oder eine andere Wohnform mit stationärer Pflege umzieht, weil ein Pflegebedarf, eine Behinderung oder eine Erkrankung den Umzug nötig machen, darf die Umzugskosten steuerlich geltend machen. Diese gelten als außergewöhnliche Belastung. Der Anteil der Heimkosten, der fortan aus eigener Tasche bezahlt werden muss, kann ebenfalls die Steuerlast senken.

Den Eigenanteil ermitteln

Beispiel: Eine Alleinstehende mit einem Jahreseinkommen von 40 000 Euro (ohne Kapitaleinkünfte) muss 5 Prozent von den ersten 15 340 Euro und 6 Prozent von den weiteren 24 660 Euro (40 000 minus 15 340) als zumutbare Belastung selbst bezahlen. Ihr Eigenanteil beträgt somit 2 247 Euro pro Jahr. Kosten darüber kann sie steuerlich als außergewöhnliche Belastung geltend machen.

Familienstand	Prozentsatz je Anteil an den Gesamteinkünften (ohne Kapitaleinkünfte)		
	Anteil bis 15 340 Euro	15 341 bis 51 130 Euro	mehr als 51 130 Euro
Single ohne Kind	5	6	7
Paar ohne Kind	4	5	6
1 oder 2 Kinder	2	3	4
3 oder mehr Kinder	1	1	2

» **Auch die Kosten für einen Umzug ins Pflegeheim lassen sich als außergewöhnliche Belastung von der Steuer absetzen.** «

20 %

der sonstigen Pflegekosten können als Haushaltsnahe Dienstleistung steuerlich geltend gemacht werden.

Wurde der vorherige Haushalt durch den Umzug ins Heim aufgelöst, zieht das Finanzamt allerdings eine sogenannte Haushaltsersparnis von den Heimkosten ab. Diese beträgt 11604 Euro im Jahr 2024 und soll den Lebenshaltungskosten einer Person entsprechen, die ihr sowieso entstanden wären. Nur was darüber hinaus an Heimkosten bezahlt wurde, wird als außergewöhnliche Belastung gewertet. Gut zu wissen: Wenn der vorherige Haushalt im Laufe des Jahres aufgelöst wurde, darf das Finanzamt die Haushaltsersparnis nur anteilig abziehen.

Haushaltsnahe Dienstleistungen

Den Anteil der Kosten für die Pflege zu Hause oder im Heim, der wegen des zumutbaren Eigenanteils nicht als außergewöhnliche Belastung geltend gemacht werden kann, können Pflegebedürftige anderweitig absetzen, nämlich als Haushaltsnahe Dienstleistungen. 20 Prozent der entstandenen Kosten zieht das Finanzamt bis zu einer gewissen Maximalhöhe von der Steuerlast ab.

Steuervorteile für Pflegende

Nicht nur Pflegebedürftige selbst, auch pflegende Angehörige haben häufig höhere Ausgaben als vor ihrer Pflegetätigkeit. Sie können angefallene Kosten ebenfalls als außergewöhnliche Belastung geltend machen, wenn ihre zumutbare Belastung pro Jahr überschritten wird.

Dafür dürfen angefallene Pflegekosten und eigene Gesundheitskosten addiert werden, die privat bezahlt wurden und medizinisch notwendig waren. Dazu zählen etwa Medikamente und Hilfsmittel, aber auch Kosten bei Schwangerschaft und Geburt. Als Nachweis genügen Quittungen oder ärztliche Verordnungen.

Weniger aufwendig ist die Geltendmachung des Pflegepauschbetrags für pflegende Angehörige. Dafür müssen sie keine konkreten Kosten nachweisen und auch keinen Eigenanteil abziehen, sondern sie erhalten eine pauschale Steuerersparnis. Diese ist abhängig vom Pflegegrad der zu pflegenden Person und beträgt 600 Euro bei Pflegegrad 2, 1100 Euro bei Pflegegrad 3 und 1800 Euro bei Pflegegrad 4 und 5 sowie bei Hilflosigkeit. Den Pauschbetrag können Pflegende erhalten, wenn sie privat jemanden pflegen. Wer beide Eltern pflegt, die jeweils einen Pflegegrad haben, kann für beide einen eigenen Pauschbetrag angeben.

Einen Neuantrag vorbereiten

Erhöht der Pflegebedarf sich deutlich, können Betroffene einen Höherstufungsantrag stellen. Darauf sollten Pflegebedürftige sich aber gut vorbereiten, denn auch eine Herabsetzung des Pflegegrads ist möglich.

Im Laufe einer Pflegesituation passiert es häufig, dass der Pflegebedarf mit der Zeit steigt. Haben Betroffene oder Angehörige den Eindruck, dass die Leistungen nicht mehr ausreichen, können sie einen Höherstufungsantrag bei der zuständigen Pflegeversicherung stellen. Das ist online oder per Post möglich. Dann startet das bekannte Prozedere erneut: Die Pflegebedürftigen vereinbaren einen Begutachtungstermin mit einer Fachkraft, die den aktuellen Hilfebedarf ermittelt. Dann wird im Idealfall ein höherer Pflegegrad zuerkannt und es gibt fortan mehr Leistungen.

In der Regel kein Bestandsschutz

Ein Neuantrag sollte aber gut überlegt sein! Denn auch eine Herabstufung oder ein vollständiges Aberkennen eines Pflegegrads ist möglich. Lediglich für Pflegebedürftige, die nach dem alten System der Pflegestufen vor dem 1. Januar 2017 begutachtet wurden, gilt ein Bestandsschutz, sofern bei der erneuten Begutachtung mindestens Pflegegrad 1 erreicht wird. Bei allen anderen ist das Ergebnis völlig offen.

Übrigens: Die Pflegegrade müssen nicht von 1 bis 5 durchlaufen werden. Wer also bei der Erstbegutachtung einen Pflegegrad 1 zuerkannt bekommen hat, kann nach einer erneuten Begutachtung durchaus direkt Pflegegrad 3 erhalten.

Rechtzeitige Vorbereitung hilft

Wer über einen Neuantrag nachdenkt, sollte frühzeitig anfangen, sich darauf vorzubereiten. In der Regel darf frühestens sechs Monate nach der letzten Begutachtung eine neue Einstufung beantragt werden. Es ist also genug Zeit. Ausnahmen gelten in Sonderfällen, etwa nach einem Schlaganfall. Dann ist auch nach weniger als sechs Monaten eine Neubegutachtung möglich.

Um sich auf die erneute Begutachtung vorzubereiten, ist ein Pflegetagebuch sehr hilfreich. Darin können Sie detailliert – am besten über mehrere Wochen – aufschreiben, welche Pflege und Unterstützung zurzeit nötig ist. Die Erkenntnisse lassen sich mit den Notizen vor der ersten Begutachtung vergleichen, was dabei hilft einzuschätzen, wie stark der Pflegebedarf seitdem gestiegen ist. Nur wenn signifikant mehr Pflege nötig ist, etwa weil eine Demenz sich deutlich verschlimmert hat oder eine andere Erkrankung neu hinzugekommen ist, die großen Einfluss auf den Alltag hat, ist einigermaßen sicher, dass der Neuantrag auch zu einer Höherstufung führt.

Um das einschätzen zu können, helfen neben den Notizen auch Gespräche mit Beratern im örtlichen Pflegestützpunkt oder mit dem Pflegepersonal, wenn bereits Profis pflegen. In jedem Fall ist es sinnvoll, sich einmal durch einen der Pflegegrad-Rechner im Internet durchzuklicken, beispielsweise auf der Webseite des Portals „Pflege-Dschungel" unter pflege-dschungel.de/pflegegrad/pflegegradrechner. Sie haben die Begutachtung schon einmal erlebt und können daher einschätzen, was mit den einzelnen Fragen und Übungen gemeint ist. Der verlinkte Pflegegrad-Rechner enthält außerdem eine Tagebuch-Funktion, sodass Änderungen direkt notiert werden können.

Neubegutachtung und Ergebnis

Für den eigentlichen Begutachtungstermin sollten Sie dann – wie beim ersten Mal – auch sämtliche wichtigen Unterlagen parat haben, die dabei helfen, den Pflegebedarf einzuschätzen. Höchstwahrscheinlich kommt eine andere Fachkraft zur Begutachtung als beim vergangenen Mal. Sie müssen also alles von vorne erklären. Stellen Sie sich und die pflegebedürftige Person darauf ein.

Unter bestimmten Bedingungen sind Neubegutachtungen auch am Telefon möglich. Das hat Vor- und Nachteile. Überlegen Sie im Vorhinein, ob diese Variante für Sie infrage kommt, und teilen Sie das der Pflegeversicherung möglichst direkt im ersten Schreiben mit der Bitte zur Neubegutachtung mit.

Sollten Sie mit dem Ergebnis der Neubegutachtung nicht zufrieden sein, können Sie – wie auch beim ersten Mal – innerhalb eines Monats nach Zustellung des Ergebnisses Widerspruch einlegen, um das Widerspruchsverfahren zu starten (siehe Kapitel 2 „Widerspruch und Klage" ab Seite 39). Auch eine Klage ist möglich. Wenn wie erhofft ein höherer Pflegegrad anerkannt wurde, kann die pflegebedürftige Person ab dem laufenden Monat die höheren Leistungen in Anspruch nehmen.

Service

Stichwortverzeichnis

Marina Engler arbeitet freiberuflich als Journalistin für Wissenschafts- und Verbraucherthemen. Neben dem vorliegenden Buch hat sie für die Stiftung Warentest auch den Ratgeber „Gesetzliche Betreuung" verfasst. Das Thema „Pflege" steht im Fokus ihrer Arbeit. Sie beschäftigt sich seit fast zehn Jahren intensiv mit dem deutschen Pflegedschungel und hat insbesondere die letzten Pflegereformen journalistisch begleitet. Zusätzlich hat Marina Engler mehrere Pflegekurse und einen Letzte-Hilfe-Kurs besucht und war sehr dankbar, auf das erlernte Wissen auch schon privat zurückgreifen zu können.

Die Stiftung Warentest wurde 1964 auf Beschluss des Deutschen Bundestages gegründet, um dem Verbraucher durch vergleichende Tests von Waren und Dienstleistungen eine unabhängige und objektive Unterstützung zu bieten. Mehr zu unserem Qualitätsanspruch und viele weitere Bücher finden Sie unter www.test.de.

100% Recyclingpapier · Mineralölfreie Druckfarben

Unser Umweltversprechen

Dieses Buch wurde unter Einhaltung hoher Umweltstandards nachhaltig und ressourcenschonend in Deutschland produziert.

1. Auflage

ISBN: 978-3-7471-0848-2

Stiftung Warentest
Lützowplatz 11–13, 10785 Berlin
www.test.de, email@stiftung-warentest.de
USt-IdNr.: DE136725570

Vorständin: Julia Bönisch
Weitere Mitglieder der Geschäftsleitung: Dr. Holger Brackemann, Daniel Gläser, Dr. Birger Venn-Hein
Programmleitung: Niclas Dewitz
Autorin: Marina Engler
Projektleitung und Lektorat: Alexandra Germann
Korrektorat: Nicole Woratz
Grafik, Satz: Daniela Greven
Bildnachweis: AdobeStock Titel, 3, 37, 79; Getty Images 118, 155
Verlagsherstellung: Rita Brosius (Ltg.), Romy Alig, Susanne Beeh
Druck: Fromm + Rasch GmbH & Co. KG., Osnabrück